EL
LÍDER
INUSUAL

EL
LÍDER
INUSUAL

INSPIRANDO INNOVADORES

Aprende los cinco hábitos para
inspirar la innovación en tu equipo

PERE ROSALES

INUSUAL school, s.l.
Avinguda Torre Blanca 57
08173 Sant Cugat del Vallès, Barcelona. España.

www.inusual.com
Ilustraciones del libro Raul-Gil.com - © 2017 INUSUAL
Traducción, edición y maquetación: produccioneditorial.com

Información de pedidos:
Ventas en lote. Descuentos especiales para compras de cantidades por corporaciones, asociaciones y otros. Para más detalles, contactar con la dirección arriba indicada.

EL LÍDER INUSUAL — Pere Rosales — 1ª Edición

ISBN: 978-84-09-20463-2

Impreso en España

A Sònia, Sara y Pol.
Mi inspiración de cada día.

Cuida tus **pensamientos**,
porque se convierten en palabras.

Cuida tus **palabras**,
porque se convierten en acciones.

Cuida tus **acciones**,
porque se convierten en hábitos.

Cuida tus **hábitos**,
porque se convierten en tu carácter.

Y cuida tu **carácter**,
porque se convierte en tu destino.

En lo que **pensamos**, nos **convertimos**.

— Adaptado de Lao Tzu

ÍNDICE

PRÓLOGO
de Min Basadur

A la mayoría de las organizaciones les cuesta innovar. Muchas valoran los resultados a corto plazo por encima de todo y premian de forma desproporcionada a aquellos que implementan correctamente el trabajo rutinario. A menudo se considera que la creatividad es innecesaria, algo que estorba a la hora de «trabajar de verdad». Al enfrentarse con competidores que las sobrepasan, las organizaciones suelen optar por recortar personal, reducir costes, rebajar los niveles de servicio y, en algunos casos, disminuir la calidad. Muy pocas responden de forma creativa para aumentar la innovación, y en muchas ocasiones es porque no saben cómo hacerlo. Esto resulta especialmente significativo en el mundo de hoy, ya que tenemos que enfrentarnos a desafíos nuevos y cada vez más complejos.

En esta era de cambio en rápida aceleración vemos que las organizaciones que habían prosperado en épocas más estables, en las que se recompensaba la eficiencia rutinaria, ahora se encuentran insuficientemente adaptadas a las realidades sociales y económicas de hoy en día. Miremos donde miremos, las estructuras tradicionales cambian de repente o se desmoronan. Empresas exitosas están descubriendo ahora que sus fórmulas de éxito seguro ya no funcionan. Iconos largamente reverenciados de la excelencia organizacional han sido humillados e incluso rescatados de la bancarrota e inminente desaparición gracias a la intervención del gobierno. Individuos, familias y comunidades enteras ven que el mundo cambia abruptamente ante sus ojos y que los mercados, los sectores y las fuentes de empleo tradicionales desaparecen. Hay una avalancha de cambios: nuevas tecnologías de la información, redes sociales, inteligencia artificial, competición global, cambio climático, inmigración masiva, nuevas fuentes de energía y reestructuración de la economía mundial.

La necesidad de pensar de forma innovadora nunca había sido tan grande. En *El líder inusual*, Pere Rosales encara de frente esta tremenda realidad, apremiando a líderes en ciernes a desarrollar las habilidades necesarias para prosperar en el turbulento mundo de hoy en día. Ofrece herramientas concretas que pueden comprenderse con facilidad y aplicarse rápidamente para simplificar la complejidad y hacer de la innovación una forma de vida. Estas herramientas, aplicadas con éxito en organizaciones grandes y pequeñas de todo el mundo, estructuran el pensamiento innovador y maximizan la creatividad.

La innovación es un proceso, no un suceso o un resultado, para encontrar y definir necesidades, desarrollar soluciones para abordar estas necesidades e implementar correctamente estas soluciones. Aunque aplaudamos los productos, tecnologías y diseños nuevos e innovadores, a menudo percibimos la realidad como si se tratara de un rasgo innato o instintivo. Pero el hecho es que la creatividad puede enseñarse, alimentarse, desarrollarse y utilizarse, tanto en el liderazgo como en equipos laborales. Si nos acercamos al convulso mundo de hoy armados con herramientas que ofrecen un marco de referencia para el pensamiento innovador, los líderes inusuales podrán transformar a sus organizaciones para inspirar un rendimiento innovador.

Pere presenta el Perfil de Innovación de Basadur como una forma de comprender cómo los líderes y equipos innovadores pasan por un ciclo de cuatro etapas esenciales para el proceso de innovación: Generación, Conceptualización, Optimización e Implantación. La primera etapa es la generación, la percepción proactiva de nuevos problemas, tendencias y oportunidades, y el planteamiento de nuevas posibilidades. Esta etapa viene seguida por la conceptualización, que define estas incipientes posibilidades y oportunidades hasta convertirlas en ideas y desafíos profundos. En la tercera etapa, la optimización, los líderes innovadores desarrollan las mejores soluciones prácticas y, finalmente, en la etapa de implementación, consiguen aplicar con éxito estas soluciones en el mundo real. El objetivo de este libro es ayudar al lector a conocer muchas herramientas para guiarse en este proceso y convertirse en un líder innovador capaz y exitoso.

Pere también nos ayuda a recordar que la innovación es una actitud. En chino, la palabra «crisis» consta de dos símbolos: el que significa «peligro» y el que significa «oportunidad». Para los líderes innovadores, un problema es un desafío, un deseo, una tendencia y un rompecabezas. Un cambio de circunstancias a menudo ofrece la oportunidad de sacudir a su sector, encontrar una ventaja competitiva e, incluso, desarrollar la siguiente idea revolucionaria que ponga al mundo del revés. Dicho de forma sencilla, los problemas son la arcilla que los innovadores convierten en nuevos productos y servicios. Los líderes inusuales aprenden a anticiparse a los problemas y los buscan como forma de mejorar la vida de los clientes.

Este libro te ayudará a desatar tu creatividad inherente con explicaciones y herramientas sencillas y fáciles de usar. Está diseñado para un uso constante, al momento, «sobre la marcha». Aprovecha las partes que más te interesen sin tener que esperar a haberte leído el libro entero.

Puedes mejorar drásticamente tu felicidad y rendimiento personales, y dirigir a tu organización para cambiar el mundo. Solo hay un único requisito: tienes que querer conseguir esta mejora. Sin un compromiso de tu parte, leer este libro no te ayudará. Pero si lo deseas con fuerza suficiente, podrás empezar a aplicar de inmediato las técnicas e ideas sin necesitar el permiso de nadie que no seas tú.

Min Basadur
Creador del método Simplexity Thinking
Presidente de Basadur Applied Creativity

SER INUSUAL

«Si quieres ser normal, haz lo mismo que los demás.
Si quieres ser inusual, haz lo que no hace nadie».

— *Mantra de Inusual*

¿Qué es lo que hace que una persona, un equipo o una organización sean más innovadores que otros? Voy a intentar explicar cómo, convirtiéndose en un líder «inusual», cualquiera puede alcanzar la grandeza, tanto en su vida personal como profesional.

Pero, un momento: antes de seguir, vamos a definir exactamente el sentido de la palabra «inusual». El prefijo «in» en latín significa «hacia adentro», «dentro de», «interior». Y, para ser «inusual», hay que trabajar de dentro afuera, no al revés. Durante el resto de este libro trataremos la palabra «inusual» como nombre, atributo o etiqueta, no solo como un adjetivo común, y esta es la definición en la que nos basaremos:

Inusual: Una persona que muestra ser un líder innovador, que dirige con su ejemplo, inspirando a su equipo a trabajar en conjunto, aplicando la creatividad y la innovación para crear un cambio positivo y memorable allá donde estén.

Puedes convertirte en un líder innovador y característico en el mundo empresarial solo si sabes cómo ser inusual. La clave para conseguir que tu equipo acabe siendo innovador es desarrollar una cultura única que respalde y promueva la innovación. Esto funciona porque las personas inusuales buscan lo que las apasiona con un amor y excelencia absolutos.

Mi propósito es ayudar a equipos y empresas de todo el mundo a ser más innovadores. Y para ello, primero quiero comentar una característica clave que un líder inusual debe tener: la capacidad de inspirar la innovación. «Inusual» es un atributo que diferencia a los líderes innovadores de los demás. No se refiere a algo inusual porque es raro y extraño, sino que se trata de un rasgo de un líder innovador y, simplemente, significa que este líder vive y trabaja de una forma fuera de lo común, más allá de lo que está simplemente bien o aceptable. Estos líderes innovadores e inusuales no hacen las cosas de forma mediocre.

De hecho, están muy, muy lejos de ser mediocres. Estos líderes saben lo que quieren conseguir en esta vida y se esfuerzan por ello. Pero te preguntarás: ¿qué hacen exactamente los líderes inusuales?

Aspiran con pasión, haciendo lo que aman. Transpiran excelencia, amando lo que hacen. Conspiran (en positivo) para conseguir ganarse la confianza de los demás; comparten lo mejor de sí mismos. Inspiran con resultados; marcan la diferencia. Respiran con integridad, manteniendo un equilibrio. Son «inusuales» y quieren ser recordados por su legado.

La misión de mi empresa es descubrir y preparar a líderes innovadores en todo el mundo y fomentar que se extiendan por todas partes. Al ayudar a personas de todo el mundo a convertirse en líderes «inusuales», contribuimos a crear una comunidad de grandes líderes para un futuro mejor.

Este libro pretende ser útil a cualquier profesional, líder de un equipo o ejecutivo en una organización. No solo te ayudará a convertirte en alguien extraordinario e innovador, sino que también te explicará cómo integrar esta mentalidad inusual en la cultura de tu organización. Es importante integrar la innovación en la cultura de tu empresa, porque así ayudarás a otros a ser innovadores. De este modo, la empresa da espacio a los empleados para que puedan ser innovadores y para que estos, a su vez, conviertan a su empresa en una organización innovadora.

La actitud de ser inusual es vital para cualquiera que quiera inspirar a otros a innovar y alcanzar objetivos extraordinarios. Los líderes inusuales pueden encargarse de tareas que los líderes normales son incapaces de llevar a cabo. No solo piden a sus equipos que innoven, sino que también les muestran cómo hacerlo. Se levantan de su silla y se implican directamente en la tarea para enseñar a su equipo cuál es la forma correcta de hacerla. Esta actitud es vital por muchos motivos. Un líder inusual no necesita averiguar cuál es su pasión o su propósito en la vida. Todo esto ya lo tiene claro, porque ha ido consiguiendo varios logros a lo largo de su carrera. Los líderes inusuales convierten su trabajo en su pasión y hacen lo que les apasiona. Integran tanto su trabajo como su pasión, lo que les permite hacer las cosas de forma sincera y de todo corazón.

El líder es la persona más importante de una organización, ya que es quien alinea los puestos de trabajo y se asegura de que todo se hace correctamente. Es la persona que crea espacio para una cultura que respalde y promueva la innovación en la organización. Sin este espacio, es difícil crear una cultura innovadora; sin esta cultura, las personas de la empresa no serán capaces de innovar y aportar nuevas ideas que podrían impactar positivamente en el futuro de la empresa.

La idea principal que hay detrás del concepto de ser inusual es pensar y trabajar fuera de lo común. Cualquiera puede vivir su vida de una forma simple y ordinaria, pero hacen falta muchísima pasión y valentía para vivir de una forma fuera de lo común, por encima de lo normal o, directamente, extraordinaria. Es necesario reflexionar muchísimo sobre uno mismo. Tienes que descubrir quién eres, qué quieres hacer con tu vida y cómo vas a conseguir llevar a tu empresa a su máximo potencial. Si el líder no conoce su verdadero yo, sus pasiones y sus intereses, ¿cómo va a inspirar a los demás? Son los líderes quienes tienen que tomar la iniciativa, de modo que puedan guiar a otras personas en sus respectivas organizaciones y llevarlas al éxito.

Esto se conforma a la idea de que las empresas en el mundo de hoy en día no necesitan más recursos humanos, sino a más humanos con recursos. La diferencia entre ambos conceptos se ve claramente si te detienes un momento a pensarlo. Tener más recursos humanos significa tener a más personas a las que hay que decirles lo que tienen que hacer. Por otro lado, más humanos con recursos significa que tienes a más personas que te dicen lo que tienes que hacer.

Para expresarlo de una forma todavía más clara, significa que, si alguna persona puede aportar a su empresa algo más que lo que se espera de ella, tendrá más posibilidades de lograr el éxito y de hacer que su empresa también lo consiga. Los inusuales no solo hacen lo que se les pide, sino que se esfuerzan muchísimo por conseguir hacer más: no son personas que realizan su tarea solo porque se lo has pedido. Sienten que ese trabajo es una parte significativa de su vida. Estas personas comprenden su pasión y lo que quieren de la vida con más claridad, y si lo integran en la misión de su empresa, tanto esta como ellos mismos lograrán el crecimiento.

Las empresas deben cambiar la forma en la que trabajan e innovar más. Deberían dejar atrás el antiguo mensaje que daban a sus empleados, «Estás aquí para trabajar, no para pensar», y pasar a preguntarles: «¿Tienes alguna idea sobre cómo podemos hacer mejor nuestro trabajo?». Los empleados necesitan que les den más espacio y responsabilidad para hacer las cosas de formas distintas: deben ser innovadores y encontrar formas mejores y más eficaces de hacer las cosas.

Nadie puede estar seguro de dónde y cuándo puede surgir la inspiración. Y es por eso por lo que es tan importante crear una cultura que promueva la innovación, para que todas las personas de la empresa sepan trabajar para innovar. Algunas de sus ideas pueden acabar ayudando a la empresa de más formas de las que es posible imaginar. Tan solo cambiando la cultura, muchas empresas han logrado alcanzar un éxito tremendo que anteriormente no hubieran creído posible.

Google es un gran ejemplo de una empresa sobresaliente a la hora de crear una cultura innovadora. Contratan a personas y les piden que piensen en nuevas aplicaciones y extensiones que puedan ayudar a Google a ser incluso mejor y más útil para sus usuarios. Y gracias a esta sencilla acción de Google, todos podemos disfrutar de muchísimas comodidades, la más común de las cuales es poder decir «busca esto o aquello en Google». Hoy, siempre que alguien no sabe algo o quiere averiguar alguna cosa, se lo pregunta a Google o sugiere a los demás que «lo busquen en Google». Esto es algo extraordinario. Todo el mundo conoce Google y lo usa en su vida diaria para encontrar respuestas a sus preguntas.

Tan solo cambiar la cultura de tu organización puede obrar milagros, tanto para ti como para tu empresa. Piensa en dos empresas que sean aparentemente iguales en todos los aspectos. Si una de ellas es inusual, acabará por hacer sombra a la otra o la adquirirá. La diferencia no está en las personas que trabajan para estas dos empresas.

La diferencia principal es la cultura que hay en estas dos organizaciones. Y esta cultura la crea el liderazgo de la empresa, así que es la diferencia entre los líderes de ambas lo que finalmente acabará siendo el factor decisivo para el éxito de una de las dos compañías. El trabajo del líder es crear y cultivar la cultura de su organización. Si no sucede así, la cultura acabará convirtiéndose en un lastre para el desarrollo de la empresa.

Las organizaciones en las que el líder crea y cultiva una cultura innovadora triunfan porque el líder tiene un sentido de propósito y dirección. El líder sabe a dónde quiere que llegue su empresa. Por otro lado, si el líder está frenado por la cultura, no habrá un plan bien diseñado o un camino trazado que la empresa pueda seguir. Ya sabemos que, sin una visión y una misión, una empresa no puede ir a ningún lado, así que la empresa cuyo líder gestiona la cultura y la adapta a las necesidades cambiantes de la situación será aquella que, finalmente, acabará liderando en su sector.

La importancia de la creatividad y la innovación no pueden realzarse más con solo decir que son el factor decisivo para el éxito de tu empresa. Ahora que hemos comprendido la importancia de ser innovadores y lo que significa esto de ser inusual, vamos a seguir adelante y a echar un breve vistazo a los hábitos que caracterizan a un líder inusual. Los veremos más en profundidad en los capítulos siguientes. Aquí solo haremos una breve introducción a cada uno de ellos para que puedas tener claro qué vas a estar leyendo a continuación. Mi equipo y yo hemos descubierto estos hábitos tras años de pensar e innovar con miles de clientes en empresas de multitud de sectores, y todos ellos han sido la fuente de inspiración para este libro. Tal y como lo vemos nosotros, hay cinco hábitos que distinguen a un líder inusual frente a un líder convencional: aspirar, transpirar, conspirar, inspirar y respirar.

● ASPIRAR

A las personas inusuales les apasiona su trabajo. Encuentran valor y sentido en lo que hacen profesionalmente porque han conseguido trabajar en algo que les encanta. De este modo, su pasión se ha convertido en su trabajo y les satisface lo que hacen. La pasión es de vital importancia al hacer algo. Sin pasión no podrás alcanzar tu máximo potencial, sea cual sea la tarea que tengas que hacer. Por otro lado, cuando empiezas a trabajar en lo que te apasiona, descubres que antes no estabas rindiendo a tu máximo potencial.

Un motivo por el que algunas personas no pueden brillar o hacer las cosas de forma eficaz y eficiente es que no les gusta lo que hacen: su trabajo no es su pasión. Es muy frustrante tener que hacer algo que no te llena. La forma en la que funciona tu mente es importante, porque eso es lo que define quién eres. Algunas personas tienen grandes habilidades de deducción, por lo que pueden saber mucho de los demás con solo echarles un vistazo. A otros se les dan muy bien los números y pueden hacer cálculos muy difíciles (y hasta imposibles) mentalmente, sin tocar jamás una calculadora. Todo el mundo puede ser inusual en algo, pero —como dice Sir Ken Robinson— tiene que encontrar su elemento.

● TRANSPIRAR

Contar únicamente con aspiraciones no es suficiente para ser un líder innovador. Debe estar listo para mejorar en términos de sus habilidades y destreza, de modo que pueda alcanzar la excelencia en su trabajo y vida personal. Como las personas inusuales son unas apasionadas de su trabajo (es decir, aman lo que hacen), no les da miedo probar cosas nuevas, mejorar sus habilidades y ganar destreza para conseguir la excelencia.

Y es que, si no trabajas hasta «sudar la camiseta», no podrás alcanzar la excelencia. Nada es gratis y el precio de la excelencia está en la capacidad de una persona de trabajar muchísimo, sin rendirse jamás, y seguir trabajando con eficiencia y efectividad hasta que la tarea esté terminada y bien hecha. Es un hábito importante porque llega un momento en el que piensas que no podrás ir más lejos o en el que sientes que no tienes fuerzas para seguir trabajando ni un minuto más, y controlar esta frustración en tales momentos y avanzar sin rendirse requiere compromiso. Eso es lo que distingue a un líder inusual: la determinación de hacerlo porque, si no lo hace él, nadie lo hará. Es, por lo tanto, su responsabilidad seguir esforzándose más y más, sin límites. Esta es la única forma de alcanzar todo tu potencial: mantener la actitud y el compromiso de mejora constante.

Tienes que transpirar para lograr la excelencia amando lo que haces. Eres responsable de marcar un ejemplo para que todos los demás lo sigan, y puedes inspirar a los demás a hacer las cosas de forma extraordinaria. Esta es la responsabilidad de un líder inusual. También puede haber líderes convencionales, pero no los compararemos con un líder innovador porque ellos no tienen esta misión. Estos líderes inusuales se esfuerzan por cambiar la cultura de la organización e integrar en ella la creatividad y la innovación para que otras personas en la empresa también puedan ser innovadoras.

● CONSPIRAR

No confundamos este término con la implicación negativa que puede tener; aquí lo usaremos en un sentido positivo. Hay una frase muy sugerente de Ralph Waldo Emerson que dice esto: «En cuanto tomas una decisión, el universo entero conspira para que se haga realidad». Conspiramos para hacer cosas buenas con las personas a las que amamos. Por ejemplo, cuando planeas una fiesta de cumpleaños sorpresa para un amigo, no se lo dices. Es decir, «conspiras contra» él porque sabes que eso no le hará daño en ningún sentido: solo le hará feliz (o, al menos, eso es lo que pretendes).

Del mismo modo, los líderes inusuales conspiran para lograr un cambio positivo contra el *statu quo*, pero con un compromiso con la lealtad y la generosidad. Quieren convertirse en personas de confianza para que los demás puedan confiar en ellos y contarles los problemas a los que se enfrentan, conscientes de que este líder inusual se esforzará por ayudarles a solucionarlos, sin aprovechar estas debilidades en su favor.

A los líderes inusuales también les encanta compartir constantemente sus capacidades, destreza y conocimientos con los demás, para que estos también puedan aprender a ser inusuales y a mejorar en su vida profesional y personal. Tener a un líder inusual cerca supone una ventaja para cualquiera que quiera tener confianza en alguien y esté dispuesto a compartir su experiencia. Siempre puedes confiar en una persona inusual con lo que sea, porque uno de sus valores y hábitos es ser confiable. Además de esta confianza, también les encanta compartir con los demás sus propias experiencias y enseñarles a partir de ellas. Comparten porque quieren que los demás consigan llegar a su realización profesional.

Los líderes inusuales no dejan a nadie atrás. No esperan conseguir la grandeza por sí solos. Creen en la idea de unir a las personas porque son conscientes de que no hay ninguna persona más lista que el mundo entero; varias mentes pueden pensar y lograr más que una sola. La innovación es un deporte de equipo.

Algunas personas en el lugar de trabajo son egoístas e intentan hacer lo que saben hacer sin decirle nada a nadie. No quieren que los demás compitan con ellos en destreza y habilidad, así que solo revelan la información que a ellos no les es útil. Esta práctica debe cambiar para que la empresa pueda progresar. En una organización, el líder (o, más bien, el líder inusual) debe unir a todo el mundo, porque conoce el poder y el valor de las personas y sus recursos internos. Siempre intentan compartir la mejor información de la que disponen sobre algo, ya sean sus habilidades, capacidades o experiencia.

Los líderes inusuales son generosos e intentan compartir lo mejor de todo, sin ocultar ninguna información, para que los demás puedan trabajar y rendir mejor. Cuanta más información tenga uno, más preparado estará para enfrentarse a cualquier situación.

● INSPIRAR

La inspiración no aparece con solo pensar o concentrarse, sino que llega cuando tienes la capacidad de ofrecer resultados extraordinarios que superan las expectativas de todos. Hay que aportar el cambio necesario para que otros puedan ser inspirados para poder trabajar aprovechando al máximo su potencial. En este aspecto, a los líderes innovadores no tienen por qué ocurrírseles siempre las ideas nuevas que puedan ser ventajosas para su empresa: de eso ya se encargará la gente de su equipo.

En lo que el líder tiene que centrarse es en crear una cultura que inspire a otros para que innoven y piensen en ideas que lleven a su empresa al éxito. Los líderes inusuales marcan la diferencia con resultados reales. De este modo consiguen inspirar a otros para que innoven y creen distintas cosas que los ayudarán a alcanzar todo su potencial.

Tales líderes no solo inspiran con ideas, sino mediante ejemplos y mostrando a los demás cómo trabajar mejor. Al hacer esto, demuestran al resto cómo deberían estar actuando y qué deberían estar haciendo. Así es como marca la diferencia un líder inusual.

● RESPIRAR

La respiración, en biología, es cuando inspiramos para tomar aire en los pulmones y producir energía. Esta respiración, llevada a un plano más psicológico, es aquella en la que podemos encontrar equilibrio y paz interior, no solo en nuestra vida sino también en nuestra mente y emociones. Para poder respirar, un líder inusual debe tener una mentalidad en la que pueda seguir aprendiendo del pasado de forma consciente y, a la vez, estar presente y en contacto con la situación actual. Necesita calmarse, aceptar y reconocer las sensaciones y mensajes que le transmite su cuerpo, sus pensamientos y sentimientos para poder proyectarlos y conseguir el futuro que quiere. Pasa de aprender del pasado a reinventar el futuro.

El objetivo principal de respirar es mantener un equilibrio en todos los aspectos posibles de la vida. Da igual si se trata del equilibrio biológico de tu cuerpo, del equilibrio mental para seguir adelante, del equilibrio emocional para estar satisfecho o de tu equilibrio social para tener relaciones sanas con los demás. Esto es importante porque el equilibrio es la forma correcta de vivir y, sin un buen equilibrio, nuestra vida puede acabar yendo en la dirección equivocada.

Y hasta aquí la introducción que quiero compartir contigo en este libro. En él te explicaré cómo puedes convertirte en un líder inusual en tu organización y cómo puedes aspirar, transpirar, conspirar, inspirar y respirar para impactar en los demás. A continuación veremos algunas preguntas para desarrollar lo que hemos visto hasta ahora porque, cuando reflexionamos sobre algo, acabamos descubriendo lo que realmente es. Pregúntate esto:

1. ¿Qué significa ser un líder «inusual»?

2. ¿Qué crees que es capaz de conseguir una persona inusual? ¿Y en lo referente a demostrar ser alguien beneficioso para su organización?

3. ¿Cómo pueden ayudar los líderes inusuales a crear una cultura innovadora?

4. ¿Qué hábitos tiene un líder inusual?

5. ¿Se te ocurren otros hábitos que puede tener un líder inusual? Si es así, indica por qué quieres añadir más hábitos. Seguramente podrán anidarse en alguno de estos cinco sobre los que hemos reflexionado.

Responder a estas preguntas te ayudará, ya que tendrás que ponerte a pensar en motivos. Aquí no hay respuestas correctas o incorrectas. Depende únicamente de lo que pienses tú. Puedes dar cualquier respuesta, según tu comprensión y el contexto de tu razonamiento. Responder a estas preguntas también te ayudará a buscar qué te apasiona. Puede inspirarte a buscar cuál es tu propósito, para que te esfuerces por conseguirlo.

● ABRAZAR EL CAMBIO

Nuestro mundo ha cambiado tanto en estos años que ni siquiera somos capaces de comprender todos los cambios que ha habido. Lo que sí que está claro es que nosotros también tenemos que cambiar con este mundo en constante evolución. Los cambios positivos no se pueden hacer sin innovación, una cualidad cada vez más importante para cualquier empresa de esta era. Con todos estos vertiginosos cambios que se están dando en el mundo y en el modo en el que se hace todo hoy en día, es esencial que las empresas empiecen a aceptarlos con los brazos abiertos. Sin cambios no pueden esperar lograr el triunfo y ser innovadores. El cambio y la innovación vienen de la mano, y no puede implementarse uno sin aceptar también al otro.

¿Por qué las personas con talento se sienten más atraídas por las empresas a las que les gustan los cambios, que fomentan las ideas y que buscan tener los mejores trabajadores?

Pues porque estas personas ya han ganado suficiente experiencia como para saber cómo funcionan las cosas de la forma tradicional y ahora buscan innovar, ofreciendo una mejor metodología para conseguir hacer su trabajo.

Quieren cambiar el modo de funcionar de las cosas porque han comprendido que hay formas mejores de hacer lo mismo, de un modo mucho más efectivo y eficiente. Para poner en práctica sus ideas, las personas con talento quieren organizaciones que las ayuden a alcanzar todo su potencial para que todo el mundo pueda beneficiarse.

Lo que esperan es encontrar organizaciones que acepten el cambio y no le tengan miedo. El problema del cambio es que provoca temor, ya que implica tener que trabajar de otro modo cuando uno está acostumbrado a hacer las cosas de una forma tradicional. En estos casos, cuesta cambiar la forma de trabajar, porque esto conlleva tener que aprender más de lo que uno ya sabe. Lo que estas personas con talento no advierten es que pueden convertirse en mejores candidatos si hacen las cosas de forma distinta. El rechazo viene de tener miedo a lo desconocido. A muchas personas les aterran las cosas que no conocen, pero conseguir dejar atrás este temor es precisamente lo que hay que hacer para lograr la excelencia.

Una persona inusual hace las cosas de una forma fuera de lo común, pero solo si esa manera en concreto es más valiosa y eficiente, si permite hacer más en menos tiempo y aporta más valor. Hoy en día, todas las personas quieren crecer y todo el mundo se guarda algún as en la manga para impresionar a los demás. Y es por este motivo por lo que buscan empresas que puedan aceptarlas tal como son y por lo que quieren llegar a ser. Este tipo de empresas les ofrecen una forma de ir subiendo peldaños hacia el éxito. Las empresas que consiguen el mejor talento no solo ayudan a sus empleados en su carrera profesional, sino que también les dan consejos para ser mejores personas e inspirar a otros.

Este tipo de empresas animan a sus empleados para que se conviertan en líderes en la innovación. Las empresas de hoy en día deberían aprender que, sin innovación en su liderazgo, es imposible ser mejores. Con un liderazgo tradicional y sin aceptar como un reto los cambios, una organización puede emprender nuevos proyectos con buenos resultados, pero jamás podrá igualar el enorme éxito que podría haber alcanzado si hubiese infundido en su sistema la innovación en el liderazgo. Se trata de anticiparse a los cambios e implementarlos. Las organizaciones y los individuos de hoy en día deben ser capaces de trabajar ante cualquier desafío y circunstancia impredecible que se les pueda presentar. Tienen que aprender a bailar con la ambigüedad.

La información de la que disponen los líderes de una organización es limitada y, a partir de esta, los dirigentes deben tomar decisiones. A pesar de esto, sus decisiones deben ser las mejores según la situación dada. Para que puedan rendir con todo su potencial, tienen que saber quiénes son y qué quieren. Y solo cuando finalmente son conscientes de estas cosas, pueden convertirse en líderes inusuales y, de este modo, empezar a introducir los cambios a través de la innovación. Cuando les das la bienvenida al cambio y la innovación, abres las puertas a un nivel de oportunidades completamente nuevo, tanto para ti como para tu empresa. Con las nuevas oportunidades, puede hacerse muchísimo más.

Muchos de nosotros nos aferramos a la seguridad de lo conocido. Nos quedamos en esta zona segura porque creemos que es el lugar donde estamos más a salvo. Así que hacemos las cosas del mismo modo, tratamos a las personas de la oficina igual que siempre, tenemos los mismos pensamientos y actuamos siempre igual. ¿Y por qué hacemos esto? ¿Por qué nos oponemos con tanta resistencia a los cambios? ¿Por qué somos tan reacios ante algo nuevo? Pues porque nos da miedo probar cosas nuevas. Nos da miedo ir más allá de los límites de lo que conocemos. Tenemos miedo de abordar todas estas cosas a las que nos resistimos, incluso aunque en lo más profundo de nuestro interior sepamos que nuestro crecimiento depende del cambio.

Pero este es el secreto: la zona de confort no es segura. No existe la protección que creemos que nos ofrece lo conocido. El lugar más seguro en el que puedes estar en este nuevo mundo de los negocios es, en realidad, lo desconocido, lo que es fuera de lo común, probando cosas nuevas, yendo más allá, innovando, explorando, aprendiendo y superando nuestras fronteras personales. Un barco que se quede en puerto seguro no sufrirá la furia de los elementos. Nunca pasará por el mar embravecido, pero no es para eso para lo que está hecho.

De forma similar, un ser humano que se queda en el puerto seguro que le ofrece lo conocido no pasará por muchas dificultades. No sufrirá tanto estrés ni se enfrentará a tantos desafíos, pero los seres humanos no estamos hechos para esto. De hecho, la ciencia ha demostrado que el cerebro humano ansía lo nuevo. Cuando más felices somos es cuando crecemos, cuando nos proponemos un desafío. Así que, si quieres ser más feliz como ser humano, el precio es aceptar los cambios con los brazos abiertos. Vale la pena avanzar hacia aquello a lo que te resistes. Vale de verdad la pena visitar aquellos lugares que te dan miedo, no solo como profesional, sino como ser humano.

● EJEMPLOS INSPIRADORES

Nike tiene una declaración de cuáles son su misión y valores en una especie de manual que se denomina «Las máximas». Uno de los principios organizativos básicos que declara Nike es que están centrados en ayudar a los atletas del mundo a mejorar y, en esa misma página, encontramos unos asteriscos al pie que explican que todo el mundo es un atleta. En otras palabras, su objetivo es ayudar a cada ser humano a convertirse en un mejor atleta, y esa filosofía se remonta hasta su fundador, Bill Bowerman, que era entrenador de atletismo. Se le ocurrió la idea de hacer la textura de gofre en la suela del primer par de zapatillas Nike con una gofrera.

Vamos a tomar prestada esta idea de la filosofía de Nike[1] y simplemente diremos que, si consumes oxígeno, eres un líder, del mismo modo que Nike cree que todas las personas que andan en este planeta son atletas. Aun así, en mi opinión, trabajes donde trabajes, estés donde estés o tengas el título que tengas, eres un líder, y esa idea es lo que realmente separa a las mejores organizaciones de las que tan solo son mediocres. Las organizaciones que son realmente líderes mundiales son conscientes de que, para encabezar sus sectores y ponerse por delante de sus competidores, tienen que cultivar a los líderes de toda su organización más rápidamente que el resto del mercado.

Y esto es un ejemplo de que todos los sueños empiezan por algo pequeño. Lo que solemos olvidar es que cada persona a la que admiramos (ya sea Nelson Mandela, Mahatma Gandhi, Teresa de Calcuta, Richard Branson o Steve Jobs) empezó de forma muy modesta, pero aprovechó cada día que pasaba para mejorar más y más. U2, uno de los grupos de música más famosos del mundo, empezó como un grupo de donnadies en un pequeño club ante un puñado de espectadores. Pero seguían alimentando este sueño día tras día y, como resultado, mejoraban cada vez más. Finalmente, su sueño se hizo realidad. Los empleados deberían pensar, actuar y sentirse como líderes para ayudar a su empresa a tener éxito. Empresas como Ritz Carlton, Oracle, MetLife y Motorola han sometido a sus ejecutivos a una formación para un rendimiento de élite.

Dicho esto, no es nada fácil hacer frente a los desafíos a los que muchas personas se enfrentan como líderes, como hombres y mujeres de negocios, y como seres humanos. Equilibrar trabajo y familia es un reto para campeones hoy en día.

● EJEMPLO DE BLOCKBUSTER Y NETFLIX

Para poder explicar bien lo que quiere decir aceptar los cambios, déjame ponerte el ejemplo de una empresa llamada «Blockbuster LLC». Blockbuster era una empresa estadounidense que ofrecía servicios de alquiler de videojuegos y películas mediante vídeo bajo demanda, envío de DVD por correo y videoclubes. Se convirtió en un gigante de servicios de alquiler de vídeo, con más de nueve mil tiendas en distintos países. Muchísimas personas les alquilaban películas e incluso disfrutaban simplemente pasando el rato en el videoclub eligiendo una película. En 2000, Reed Hastings, fundador de Netflix, le propuso a Blockbuster que se convirtieran en socios, pidiéndole que le permitiera encargarse de los videoclubes y que le dejara promocionar Netflix en ellos. Por su parte, Netflix proporcionaría películas a los clientes a través de internet. Pero el director ejecutivo de Blockbuster, John Antioco[2], rechazó esta propuesta, ya que pensaba que Blockbuster ya era una marca bien establecida y que no necesitaba utilizar internet para mejorar sus ventas y beneficios.

En aquellos momentos, la mayor fuente de ingresos de Blockbuster eran aquellas personas que devolvían las películas tarde. Al quedárselas más tiempo del que debían, después tenían que pagar un dinero extra. Pasar a tener la tienda en internet implicaba dejar los beneficios de este mercado atrás. La empresa no estaba lista para cambiar su modelo. Hacia 2004, advirtieron que Netflix se había convertido un competidor, y de mucho peso. En ese punto, el director ejecutivo intentó convencer al resto de la junta directiva para que cambiaran el modelo pero, aun así, se negaron. Seis años más tarde, en 2010, la empresa entró en bancarrota.

A partir de este ejemplo real de Blockbuster puede verse fácilmente lo que podría pasarle a una empresa que no aplica ni promueve la innovación y el cambio. Es absolutamente necesario cambiar a la vez que lo hace el entorno.

Personas desconocidas de los lugares más insospechados pueden pasar a ser individuos famosos y de éxito: solo tienen que descubrir cómo ser inusuales. Las organizaciones y las personas tienen que aceptar el cambio y la innovación, y convertirlos en parte de su cultura para emplear todo su potencial y aportar ideas que pueden cambiar el rumbo de la historia.

El mundo cambia a un ritmo vertiginoso. Si tú, como líder, quieres traer el cambio especialmente a tu empresa, lo primero en lo que te debes centrar es en aportarle visión. Tienes que analizar las cosas: cómo eran en el pasado y cómo van a ser en el futuro. Al menos, céntrate en tus puntos fuertes para usarlos como guía.

● LIDERAZGO INNOVADOR

«Innovar» es introducir cosas nuevas y valiosas que dejan obsoletas a las antiguas. La innovación en los negocios es un proceso de mezcla en el que las ideas pasan por las fases del desarrollo y, finalmente, llegan a la fase en la que se implementan. Este procedimiento de innovación implica a un grupo de personas expertas que aportan su experiencia al proyecto. Por lo tanto, no puede existir la figura del «innovador solitario», porque para la innovación siempre es necesario el trabajo de un equipo comprometido con el progreso.

Las personas innovadoras, como Steve Jobs o Thomas Alva Edison, tienen la habilidad de presentar ideas creativas a los demás. Tienen la visión y saben cómo motivar a los miembros de su equipo para lograr que esta visión cobre vida. No es necesario que siempre se le ocurran las ideas innovadoras al líder. Un buen líder innovador puede ser, en cambio, aquel que es capaz de identificar las buenas propuestas que le ofrece su equipo y reconocerlas. También puede ser que a un miembro del equipo se le ocurra una idea creativa y revolucionaria; ahí es donde empieza el trabajo real del líder innovador: él es quien tiene que trazar y organizar el camino que lleva al desarrollo y la implantación de estas ideas. Un líder innovador también es aquel que encuentra la vitalidad y los puntos fuertes de su equipo e intenta sacar lo mejor de ellos creando un entorno innovador.

Los líderes innovadores no controlan al milímetro todo lo que hacen sus colaboradores. Prefieren centrarse en el panorama general. Dedican su atención a la creatividad y a las nuevas ideas que proponen sus equipos. En cambio, los líderes controladores tienden a centrarse en detalles insignificantes, pasando por alto la verdadera creatividad e ignorando el panorama general. Los líderes innovadores necesitan poder transmitir sus ideas a sus equipos de la mejor forma posible.

En cuanto los líderes hayan encontrado una forma de implementar sus ideas, sus equipos estarán dispuestos a implicarse para hacer realidad esa visión. Los líderes innovadores deben tener la capacidad de reconocer la efectividad de los proyectos como si fueran experimentos. Si algo no está saliendo bien o no genera los resultados esperados, el líder inusual debe tener el valor suficiente para cancelarlo, independientemente de los recursos que haya invertido.

El mayor cambio que se espera que va a conquistar el mundo corporativo y el reino de la industria en el futuro próximo es que la mano de obra dejará de estar compuesta por los trabajadores de clase obrera y pasará a ser el sector de la automatización. Se prevé que, en el futuro próximo, el mundo experimentará el cambio de pasar de una fuerza de trabajo manual (trabajadores) a una fuerza de trabajo automatizada (máquinas).

En el mundo del futuro, en el que las máquinas harán muchos de los trabajos que hoy hacen las personas, hará falta todavía más innovación. Habrá una necesidad de nuevas destrezas, nuevas herramientas y, por encima de todo, una nueva mentalidad. Para esto hará falta la capacidad de conseguir hacer cosas nuevas. La innovación en la economía futura va mucho más allá de la simple inventiva. Más bien se trata de descubrir cómo y dónde entregarse a valores únicos. En el futuro, lo importante será capacitar a otros a un nivel más profundo y elevado.

Vamos a ver algunas habilidades de liderazgo innovador que creo que pueden ayudarte a darle un buen impulso a tu carrera.

● ESTAR SIEMPRE LISTO PARA APROVECHAR LA OPORTUNIDAD

Como la innovación es producir ideas nuevas y creativas, y conseguir que se materialicen, la primera habilidad de un líder innovador es su capacidad de estar abierto ante las oportunidades que se crucen en su camino. ¿Qué pasa si una empresa ha decidido relanzar uno de sus productos que llevaba casi una década sin funcionar? Tienen que revivirlo volviéndolo a presentar de nuevo en el mercado. Imagina que estás al frente de un equipo y que eres un líder innovador: ¿cómo te tomarías esta decisión que ha tomado la organización? ¿Te gustaría? ¿O tú y tu equipo os iríais al banquillo simplemente porque no os gusta la idea de relanzar el producto?

Como líder innovador deberías aceptar la idea, acogerla, compartirla con tu equipo, emplear una buena metodología de creatividad aplicada y, finalmente, acabar con una batería de ideas innovadoras y creativas sobre cómo hacer que este producto vuelva a irrumpir en el mercado con fuerza. Siempre deberías ser capaz de encontrar el lado positivo de las cosas, incluso cuando la situación es adversa. Debes estar siempre listo para encontrar estas oportunidades ocultas.

● DESHACERSE DE LAS PRESUPOSICIONES

«La innovación empieza donde terminan las presuposiciones» (Forbes.com). A veces son tus percepciones y conceptos los que te impiden avanzar a la hora de hacer que tu idea cobre vida. Tu mente tiene la tendencia de desarrollar un conjunto de percepciones que pueden llevarte a callejones sin salida. Los investigadores lo denominan «atajos perceptivos». Estas asunciones solo te hacen perder el tiempo y jamás son productivas. Un líder innovador necesita deshacerse de esta batería de presuposiciones y percepciones que ralentizan el ritmo del avance.

Lo que necesitas es renovar la mente. En cuanto lo hayas hecho, deja que las ideas nuevas y frescas empiecen a fluir. Siempre hay una solución para cada problema. Piénsala bien y empieza a aplicarla. No te limites a quedarte sentado y a asumir lo que va a pasar. Si piensas que tiene que haber una forma mejor de solucionar un problema concreto, cree de verdad que esta existe. Sigue experimentando con sustitutos y oportunidades. Debes estar dispuesto a correr el riesgo y a marcarte desafíos. Esto te ayudará a pensar de forma diferente, que es lo que un líder innovador debe hacer.

● OBSESIONARSE CON LOGRAR LA EMPATÍA DE LOS CLIENTES

Esto, en otras palabras, también puede describirse como desarrollar una relación de confianza entre la organización y el cliente. Aquí vale la pena citar el ejemplo de Jennifer Rock, que era una empleada en la sede de Mineápolis de Best Buy[3]. Le habían asignado la responsabilidad de encargarse de la intranet de su empresa y se le ocurrió una estrategia completamente nueva.

La intranet se usaba para enviar los cambios en las políticas a las mil quinientas tiendas de la empresa. Lo que

Jennifer y su equipo hicieron fue transformar la intranet en un servicio de comunicación bidireccional. Había encuestas *online* semanales para empleados y gerentes de las tiendas. Además, también había debates *online* para empleados de distintos puntos del país. Esta estrategia fue tan positiva para toda la empresa que la rotación de personal de Best Buy disminuyó. Antes de introducir esta idea, la rotación de personal era del 89 %. Y ahora es inferior al 50 %.

Un líder innovador debería analizar en profundidad y comprender la mentalidad del cliente con el que está tratando, y siempre debería centrarse en ganarse su confianza y en la empatía. Escucha con atención a tus clientes y entiende bien qué te están pidiendo. Intenta meterte un poco en su piel y entonces seguro que te harás una mejor idea de la situación por la que están pasando y qué es lo que quieren que hagas al respecto. Intenta pensar de forma creativa. Interactúa con tus clientes y da lo mejor de ti para poder satisfacer sus demandas.

● SER PROACTIVO

Para poder ser proactivo, un líder innovador debe tener una linterna propia. Esa linterna le permitirá ver el mundo con sus propios ojos. El mundo visto a través de los ojos de un líder innovador parece completamente distinto. En ese estado particular, estás analizando las cosas y las situaciones desde un ángulo diferente. Mientras el mundo cambia a un ritmo vertiginoso, tienes que prestar atención a todos y cada uno de los detalles. Con tu propia versión de una linterna, podrás encontrar esos aspectos que puede que el resto del mundo ignore.

Esta linterna es, en realidad, la capacidad de un líder innovador para poner el foco en las tendencias que hay a su alrededor. El hábito de ir siguiendo las tendencias emergentes es también una habilidad que los líderes innovadores deberían poseer. Seguir las tendencias actuales en el mundo de los negocios implica analizar lo que has hecho y qué otras cosas puedes hacer para ser proactivo. Ser proactivo puede ayudar a un líder innovador a aprovechar todas las oportunidades que se crucen en su camino.

⬤ REFORZAR TUS IDEAS

Todos tenemos ideas propias, pero solo algunos saben cómo reforzarlas para que se implanten de forma correcta. En cuanto a un líder innovador se le ocurre una idea, tiene que guardarla en un lugar seguro y trabajar en su desarrollo. En estudios recientes se ha observado que únicamente unos pocos líderes consiguen que sus ideas pasen de la etapa de «¡eureka!» a la etapa de «¡hecho!». La habilidad de acelerar tus ideas en el momento y el lugar adecuados debe ser central, especialmente en el caso de los líderes innovadores. En cuanto se ha adoptado una idea, debe empezar a trabajarse en la forma en la que se implementará. Y, para ello, hacen falta ciertas herramientas de resolución creativa de problemas complejos —que veremos más adelante— para empezar a aplicarla.

Cuida de tu entorno mental, de modo que puedas registrar las ideas que revolotean a tu alrededor y las puedas guardar en un lugar seguro. Céntrate en reorganizar el entorno donde trabajas para que se te ocurran ideas más productivas. Busca inspiración a través de cualquier medio posible. Anima a las personas que te rodean a pensar en otras ideas creativas e innovadoras, para que se motiven y se esfuercen todavía más. Nunca olvides que la creatividad no viene de serie: es algo que se alimenta en una persona a partir de su entorno. Así que haz que tu entorno de trabajo sea un lugar más creativo, en el que tus ideas florezcan y se vean reforzadas.

● GANARSE EL APOYO DE LOS DEMÁS

Sé lo suficientemente innovador como para vender nuevas ideas. Esto te ayudará, desde luego, a la hora de superar los obstáculos que retrasan el progreso y la productividad. Por ejemplo, vamos a ver el caso de la empresa 3M, que estuvo a punto de cancelar su producto de notas adhesivas Post-It porque no funcionaban en el mercado y nadie las compraba. Para enfrentarse a la situación de todo ese producto sin vender, el equipo diseñó un plan de acción.

El equipo empezó a repartir notas Post-It y a hacer demostraciones de cómo usarlas. Mostraron a los usuarios todas las formas posibles en las que podían usar las notas adhesivas[4]. También enviaron los productos a altos cargos de distintas empresas, donde tanto los gerentes como los empleados empezaron a usarlas. Ese producto que anteriormente no había tenido éxito revivió desde una perspectiva distinta con resultados notables.

Este tipo de situación implica ideas innovadoras que pueden ser útiles incluso al reinventar un producto, relanzarlo o lograr que resurja. Supera las objeciones adoptando nuevas ideas que puedan ayudarte a evitar los fallos en el futuro. Pide opiniones sinceras a amigos y compañeros, y luego contrástalas con tu visión y actúa en consecuencia.

Estudios recientes[5] indican que más del 70 % de los ejecutivos sénior creen que la innovación es uno de los tres impulsores principales de crecimiento en sus empresas. No se espera que las cosas cambien mucho en los siguientes cinco años. Según los mismos estudios, hubo otros ejecutivos que tenían la idea de que la innovación es el elemento más importante, ya que funciona como combustible para que las compañías aceleren la velocidad del cambio en los entornos empresariales internacionales actuales.

Los ejecutivos que trabajan en empresas pueden actuar con el personal que ya tienen sin tener que poner en marcha planes de evolución atolondrados. Lo que es más: los líderes innovadores tienen que implementar pasos claros para crear una cultura de innovación que se base en ganarse la confianza de los empleados. En distintos estudios e investigaciones se ha observado que, dentro de este tipo de cultura y trabajando para un líder innovador, los empleados tienen una sensación de éxito porque saben que sus ideas se tienen en consideración y que se valoran sus esfuerzos. Este tipo de entornos laborales pueden resultar ser más productivos en casi todos los aspectos, incluido el crecimiento económico.

● ¿POR QUÉ SON TAN ATRACTIVAS LAS EMPRESAS EMERGENTES?

Uno de los motivos por los que las empresas emergentes son tan atractivas para los demás es que dan la vuelta al modelo de trabajo tradicional. Puede que empiecen con un modelo típico, pero como todavía no se han consolidado, no tienen miedo de cambiar. Esto las anima a adoptar otros caminos que puedan parecer más prometedores. Otro motivo es que ya hay otros gigantes en sus sectores con los que es muy difícil competir. Así que el mejor método es cambiar su forma de trabajar y encontrar una ventaja estratégica que sus competidores no puedan copiar e implantar fácilmente. La innovación es la mejor ventaja estratégica que puede tener una organización. Si una organización conoce la importancia de la innovación, cambiará su modelo de negocio para reflejar la innovación y el cambio.

Pero no basta con tener un modelo de innovación: la organización tiene que cambiar a nivel interno para poder crear una cultura de innovación. Crear una cultura innovadora sirve para animar a cada vez más personas a que se les ocurran ideas nuevas y mejores para seguir innovando. Y a esto es a lo que nos referimos con «trabajar fuera de lo común». Cualquiera puede trabajar y seguir el camino que otros han abierto y marcado. También puede hacerte tener éxito, pero te impedirá (a ti o a tu empresa) alcanzar la excelencia, que es lo que distingue a las personas convencionales de las inusuales.

Es bastante fácil y sencillo vivir de forma convencional, como los demás. Pero hace falta mucha más valentía para ir allá donde nadie más ha ido: estas son las personas y organizaciones que siempre serán recordadas.

Todo el mundo sabe quién fue Neil Armstrong, pero ¿alguien sabe quién fue el segundo hombre en pisar la Luna? Quizá sí, quizá no. El hecho es que la mayoría de las personas solo recuerdan al primero que consigue hacer algo extraordinario. Simplemente, el mundo seguirá a esa persona. El primero que intenta crear un cambio es quien se encarga de lo más difícil; los demás se limitan a seguir un camino que ya está marcado. Para convertirte en una persona inusual, tienes que vivir de forma extraordinaria, ser valiente e ir a la cabeza del cambio y la innovación.

● UN NUEVO MODELO EMPRESARIAL EN MARCHA

El cambio puede aplicarse de muchas formas distintas. Algunas empresas permiten a sus empleados trabajar de forma remota y otras llegan a eliminar la jerarquía. Todos estos cambios funcionan de una forma u otra, pero no todos están destinados a triunfar. Pero, aun así, las personas que hacen tales cambios son las mismas que se aseguran de que el cambio sea beneficioso para la empresa. Estas personas saben que pueden conseguirlo con éxito y demostrarle a todo el mundo que las cosas pueden hacerse de una forma mejor.

Las personas con vidas convencionales las viven para sí mismas y para aquellas que las rodean, pero las personas que eligen vivir fuera de lo común lo hacen para todas las personas que hay a su alrededor: no solo para sus seres queridos y aquellos con los que conviven, sino también para aquellos que dependen de ellos y que trabajan con ellos. Y hacen este recorrido junto a los demás, sin dejar a nadie atrás. Se aseguran de que todos los que los rodean entienden lo que ellos ya han entendido. Incluso los ayudan a comprenderlo bien. Aportan cambio e innovación de un modo que beneficia a todo el mundo, especialmente a su empresa. Trabajan para hacer que la innovación y el cambio formen parte de la cultura de su organización, de modo que otros también se animen a presentar sus propias ideas, independientemente de lo atrevidas o descabelladas que puedan parecer.

Albert Einstein dijo en una ocasión: «Si al principio la idea no es absurda, entonces no tiene ninguna esperanza». A estas alturas ya debería estar claro que no porque algo parezca absurdo tiene que carecer de valor. Hay cosas que parecen disparatadas y absurdas al principio pero que, en cuanto pasan a existir, se hacen valiosas. ¿Acaso alguien podría haber pensado que enviar archivos de una parte del mundo a la otra podría ser tan sencillo como hacer clic? ¿A quién se le hubiera podido ocurrir que algo como internet podía ser posible?

Cuando no había ninguna base para tales ideas, parecían realmente absurdas. Así que nunca sabes qué puede hacerse y qué no, qué puede conseguirse y qué no, qué es absurdo y qué no. Algo puede parecer absurdo según nuestro pensamiento y nuestra tecnología actuales, pero puede que en cuestión de años no pase lo mismo.

Las personas inusuales, que viven fuera de lo común, consideran que la innovación y la creatividad son valiosas. Animan a que los demás compartan sus ideas, por muy absurdas que puedan parecer. Porque, si nadie las dice en voz alta, no pueden convertirse en realidad. Sin hablar y compartir ideas innovadoras, uno no puede hacer que cobren vida. Hay momentos en los que algo puede parecer muy lógico cuando lo piensas pero que, cuando lo dices en voz alta, parece absurdo. Y, del mismo modo, hay momentos en los que algo puede parecer absurdo cuando lo piensas pero que, cuando lo dices en voz alta, resulta lógico.

Cuando una persona piensa en algo, solo hay una mente trabajando en la idea y las posibilidades son limitadas. Pero cuando dos personas piensan en la misma cosa, hay dos mentes en acción y las posibilidades se multiplican con la innovación de otra mente. Una persona normalmente piensa desde su propia perspectiva y puede que se pierda algo, pero cuando otra persona le da vueltas a la misma idea, la ve desde su propia perspectiva, que es distinta. Y quizá vea cosas que la primera persona no ha sido capaz de detectar. Así que siempre es mejor decir lo que piensas, porque puede que haya algo que te esté limitando sin que lo sepas. Quizá a otra persona, tras darle vueltas a tu idea, se le ocurra una forma de plasmarla que realmente funcione. Eso no quiere decir que se trate de una idea robada, sino que simplemente ambos habéis trabajado en la idea para convertirla en realidad.

Cuando te conviertes en una persona que trabaja de forma extraordinaria, te liberas de tu ego y de la vanidad de ser el autor de todas las ideas que implican a las personas de tu alrededor. Todo el mundo podría ser egoísta y centrarse en su propia ganancia personal, pero una persona inusual que vive fuera de lo común comparte lo mejor que tiene e intenta que todo el mundo la acompañe en su proyecto. Este tipo de personas crean un equipo comprometido que avanza como si fuera una sola entidad. Todo el mundo aporta su opinión y sus ideas para hacer las cosas de una forma mejor y más eficiente.

● INNOVACIÓN Y EQUIPOS EMPRESARIALES

La revista *TechCrunch* escribió en una ocasión: «Formar parte de un equipo empresarial es también una forma maravillosa de aprender a innovar». Y esto es así porque las empresas emergentes identifican un problema y buscan soluciones creativas. Se trata de una situación donde todos ganan, tanto el jefe como los empleados. Otro motivo por el que esto es cierto es que en una empresa emergente todos buscan alcanzar un mismo objetivo; cada miembro del equipo es responsable de conseguirlo. Como lograr el éxito depende de ellos, tienen que ser innovadores para tener una ventaja estratégica sobre el resto de las empresas de su sector. Además de la ventaja competitiva, también necesitan poder trabajar de una forma que sea más eficiente y efectiva que la forma de trabajar de sus competidores, para poder reducir costes y maximizar los beneficios.

No hay una única forma de ganar beneficios, sino muchas: lo único que tienes que hacer es cambiar tu perspectiva e innovar. Puedes encontrar tu propio método para conseguir ganancias. Lo único que necesitas es creer en ti mismo y en las personas que te rodean. Y esta confianza no es unidireccional: para que los demás confíen en ti, tú también tienes que confiar en ellos. Tienes que escuchar lo que te dicen y las ideas que proponen y, después, colectivamente, decidir si vale la pena implantar esas ideas. Jamás descartes una idea antes de que todo tu equipo le haya dado vueltas. Nunca sabes lo que quizá estés pasando por alto.

Una persona inusual, que vive fuera de lo común, sabe que no es la única que puede pensar e innovar. Y es por ese motivo por el que promoverá una cultura que respalda y que, a su vez, fomenta la innovación de todas y cada una de las personas de su equipo. Directamente, es disparatado creer que el director general es el único al que se le puede ocurrir una idea que pueda cambiar e innovar de una forma positiva. Una idea así puede surgir de cualquier parte de la organización, de un empleado o colaborador de la empresa, dado que están trabajando en pro de toda la organización, igual que el director general.

En las empresas emergentes, tanto los empleados como los directivos salen ganando, porque en ellas se anima a innovar y a ser creativo, cosa que quizá también busquen los empleados. A los empleados se los anima a aportar innovación y cambios que puedan resultar beneficiosos para todos: tanto para sí mismos como para la empresa. A un empleado puede que se le ocurra una idea relacionada con el modo de funcionar de la organización, con su forma de tratar con clientes o proveedores, o con un sistema para ofrecer un mejor servicio.

El elemento principal que hace que la innovación funcione es contar con un líder inusual en una organización. Cuando el líder decide cambiar la cultura de la empresa para aceptar el cambio y promover la innovación, empodera a sus empleados. Estos, a su vez, sienten que son importantes y que saben a dónde se dirigen, lo que les da un nuevo propósito y les demuestra que su opinión es importante. Cuando se anima a los empleados de este modo, estos no solo cumplen con las exigencias de su puesto, sino que empiezan a trabajar de verdad para su organización.

Significa que, cuando los empleados se sienten empoderados y descubren que tienen un rumbo marcado, intentan conseguir cosas incluso aunque tengan que ir más allá de sus responsabilidades. Piensan en formas nuevas de hacer las mismas cosas y maneras mejores de trabajar de forma colectiva y colaborativa. Se ven como una parte importante de su organización e intentan vivir a la altura de lo que se espera de ellos.

A partir de todo lo que se ha hablado hasta ahora, está claro que cada organización necesita al menos una persona que sea inusual. Y si es más de una aún mejor, ¿no crees?

LOS CINCO HÁBITOS DEL LÍDER INUSUAL

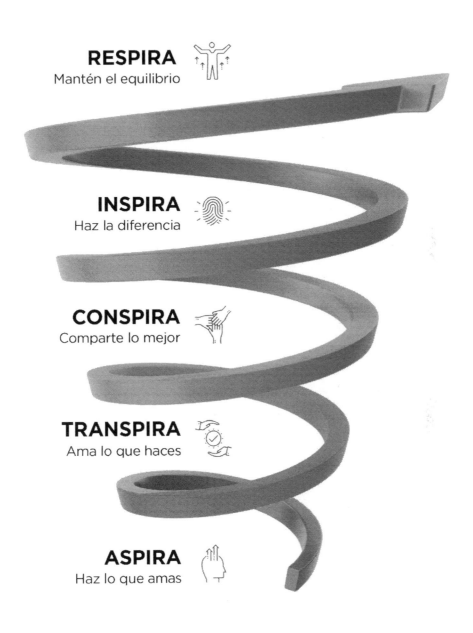

RESPIRA
Mantén el equilibrio

INSPIRA
Haz la diferencia

CONSPIRA
Comparte lo mejor

TRANSPIRA
Ama lo que haces

ASPIRA
Haz lo que amas

ASPIRA

Haz lo que amas

1. Tu despertar

3. Tu camino

2. Tu propósito

4. Tu compromiso

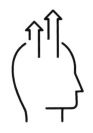

ASPIRA
Haz lo que amas

«El éxito no es la clave de la felicidad.
La felicidad es la clave del éxito.
Si amas lo que haces, tendrás éxito».

—*Albert Schweitzer*

El proceso de aprendizaje y desarrollo empieza el día en el que llegamos a este mundo. Cada persona nace con un sueño. Todos tenemos sueños únicos en esta vida, y todos queremos conseguirlos. A medida que crecemos vamos creando conceptos y percepciones sobre la vida basados en lo que vemos a nuestro alrededor. Todos tenemos nuestras ambiciones y objetivos, pero a medida que nos hacemos mayores y vemos distintos destellos de la realidad, nuestra perspectiva cambia. Con el paso del tiempo empezamos a centrarnos en lo que podemos lograr, en lo que deseamos y en lo que queremos convertirnos. Cuando nos inspirarnos en distintas personalidades o nuevos conceptos, el curso de nuestro proceso mental se va alterando. Empezamos a vivir nuestros sueños.

Todos hemos oído ese dicho de Confucio: «Elige un trabajo que ames y no tendrás que volver a trabajar ni un solo día de tu vida». Con esto en mente, intentamos buscar las carreras y trayectorias que más nos interesan. Por desgracia, pocos consiguen vivir la vida de sus sueños. El motivo principal por el que la mayoría de nosotros no somos capaces de convertir nuestros sueños en realidad es que nos rendimos demasiado pronto y demasiado fácilmente. En cuanto nuestra motivación y valentía para conseguir lo imposible mueren, dejamos de luchar. Cuando nos graduamos nos abalanzamos sobre la primera oportunidad de empleo que se nos presenta.

No hay nada malo en elegir un empleo que no esté relacionado con lo que te apasiona, pero quedarte demasiado tiempo en ese puesto y acabar alejándote de tu pasión es algo que nunca deberías hacer.

¿Alguna vez te has planteado si tu trabajo es o no el propósito real de tu vida? Si es así, entonces deberías sentirte contento con lo que haces. ¿Te levantas por la mañana con ilusión por el día que tienes por delante? ¿Tienes una lista de grandes cosas que conseguir durante la jornada? Creo que la mayoría de las personas estarían de acuerdo en que no se sienten así. De hecho, muchos sienten precisamente lo contrario. Es imposible negar el hecho de que somos víctimas de una falta de propósito. Incluso las personas que consiguen entrar en una universidad de prestigio y logran un puesto espectacular en una gran empresa están insatisfechas con su situación profesional en algún punto de su trayectoria. Al principio todo es muy emocionante, ya que es nuevo. Pero a medida que pasa el tiempo y vamos a la misma oficina cada día haciendo lo mismo una y otra vez, nuestras vidas pasan a ser completamente monótonas. Y la monotonía a veces nos hace cuestionarnos lo que estamos haciendo exactamente con nuestra vida. A veces, cuando ya llevas un tiempo significativo en un trabajo, empiezas a sentir que estás encallado, que no avanzas. Empiezas a pensar que tu vida carece completamente de sentido. El motivo que hay tras esta sensación es la ausencia de propósito en nuestras vidas: el propósito que tiene tu pasión como ingrediente principal.

Tu aspiración (o *ikigai*[1]) debería seguir siendo tu prioridad en todo momento para que sigas concentrado y te esfuerces por alcanzarla a largo plazo. Seguramente te estarás preguntando qué quiere decir *ikigai*. Es la mezcla de una fuente de ingresos y de algo que te encanta hacer. Se trata de tener experiencia y habilidad profesional en tu campo, de modo que puedas aportar un cambio significativo al mundo.

Según la tradición japonesa, todo el mundo tiene un *ikigai*. Y en esta tradición, *ikigai* quiere decir «el motivo por el que te levantas cada mañana». Es, quizá, lo que nosotros denominaríamos como «el propósito vital». Debes hacerte esta pregunta a diario: «¿Cuál es mi propósito?». Este propósito debe impulsarnos a trabajar con esfuerzo; de lo contrario, nunca lo alcanzaremos. *Ikigai* es el punto de intersección de todos los círculos de propósitos. ¿Sigue sin quedar claro? Vamos a verlo más en profundidad.

El *ikigai* de cualquier persona está justo en el centro de los círculos interconectados de la pasión, la misión, la vocación y la profesión, junto con otros cuatro. Si te falta llenar alguna de estas cuatro áreas, créeme, te estás perdiendo parte del potencial de tu vida. Además de esto, también te pierdes una gran oportunidad de vivir una vida feliz y próspera. Marc Winn, editor de *The View Inside*, afirma que estuvo mucho tiempo obsesionado con las personas atípicas, y resulta muy interesante ver que algunas comunidades atípicas de todo el mundo tienen una vida mucho más larga que la media. Además, explica que hay algunas conclusiones sorprendentes sobre los factores que tienden a crear una vida saludable y larga. Uno de los factores más significativos es el *ikigai*.

No deberíamos dejar nunca de buscar nuestro propósito, independientemente de cuál sea nuestro ámbito de trabajo. Si no trabajas para alcanzar tus sueños, llegarás a sentirte desconectado de lo que haces un día u otro. La decisión es tuya. Es comprensible que cuando empezamos a trabajar en algo nuevo, creemos que rendirnos no es una opción. En realidad, la mayoría fallamos nada más empezar. Sobre todo por la falta de experiencia. Por ejemplo, siempre que un recién graduado empieza a trabajar para una empresa, cree que tiene la suficiente experiencia como para empezar a poner sus ideas en práctica. Cuando los resultados contradicen las expectativas, sus esperanzas y sueños se ven rotos de inmediato. Pero lo que tenemos que advertir aquí es que el error solo está ahí para enseñarnos algo nuevo.

Y es que tenemos que empezar a aprender de nuestros fallos si planeamos avanzar en nuestras vidas. ¿Consideras que «fracaso» es un insulto? Si es así, quizá deberías redefinir su significado. No lo veas como una palabra negativa. Se trata de uno de los peldaños en la escalera hacia el éxito, y pasar por él te acercará un poquito más a tu destino. ¿O alguna vez has visto que alguien tuviera éxito sin fallar cientos de veces? Lee cualquier libro o autobiografía y advertirás que todas y cada una de las personas que han conseguido pasar a primer plano se han tenido que enfrentar al fracaso en muchas ocasiones. Ya sean el fallecido Steve Jobs, Tony Robbins o muchos otros emprendedores, todos han fracasado en algún punto. Piensa en cualquier persona a la que admires. Da igual si se trata de un artista, un actor, un magnate de los negocios o un atleta. El fracaso está destinado a formar parte de la vida de todo el mundo, por muy bueno que alguien sea en lo suyo. Sin embargo, en muchos sitios fallar no está bien visto.

A menudo pasa que, cuando fallamos y nos rendimos, perdemos la tentación de sentir curiosidad sobre nuestras pasiones. Las personas que tienen entre treinta y cincuenta años pueden pensar que ya es demasiado tarde para vivir la vida que siempre habían soñado. Creen que ese fuego que ardía en su interior y los empujaba a superar sus límites ya se ha extinguido. Si este es tu caso, tienes que cambiar esta mentalidad. Te digo por propia experiencia que nunca es demasiado tarde para volver a empezar, tengas la edad que tengas. Deja de soñar la vida que quieres y empieza a vivir tus sueños.

A veces damos demasiada importancia a lo que piensan los demás o a qué dirán si hacemos algo diferente. Ellos no son los propietarios de tu vida: tú sí lo eres. Entonces, ¿por qué vas a vivir como ellos quieren que vivas?

Para empezar, tenemos que comprender que es de vital importancia ser fiel a cualquiera que sea nuestra aspiración o propósito. Si quieres alcanzarlo, tienes que ser constante a la hora de perseguirlo. Puedes empezar aprendiendo cómo definir el alcance de un proyecto. Definir un proyecto te dará una visión sobre cómo avanzar por el camino hacia el éxito.

Incluso si nos fijamos en las empresas, estas también empiezan por planificar un proyecto, que implica determinar y documentar una lista exhaustiva de objetivos específicos que tienen que lograr en la fase inicial. También podemos denominarlos «objetivos a corto plazo». Dicho de forma mucho más sencilla, el alcance de un proyecto explica qué hay que conseguir y qué hay que hacer para darlo por terminado.

● ¿CUÁL ES TU PROPÓSITO?

Hoy en día, el objetivo principal para muchos trabajadores es pagar las facturas y poner comida en la mesa. Aun así, trabajar es algo que haces para lograr objetivos. Es un propósito que hay que cumplir para conseguir el producto final. Es una actividad que implica un esfuerzo físico y mental para lograr un propósito.

Empieza por enumerar cosas que te encanta hacer y cosas que se te da bien hacer. Tómate un día para pensarlo bien (o más tiempo si te hace falta). Ahora bien: tu pasión no tiene por qué ser necesariamente pagar las facturas, especialmente en esta fase inicial de identificación. Puede ser un trabajo a media jornada con el que puedas ganar un sueldo pero que, a la vez, te permita hacer lo que te encanta con el tiempo que tienes libre. No tiene nada de malo sacar un dinero de ahí. Las cosas que empiezas por abordar a tiempo parcial pueden acabar convirtiéndose en tu prioridad. Así es como puedes empezar por brillar en aquellas cosas que te encanta hacer y, después, acabar convirtiéndolas en tu profesión. Los estudios[2] indican que un 50 % de los *millennials* han entrado en el mundo empresarial con ocupaciones secundarias. Y el motivo por el que lo hacen es porque ese otro proyecto personal les ofrece la oportunidad de poder hacer aquello que se les da bien.

Aun así, también puede darse el caso de que tus proyectos personales no sean para ganar dinero (he conocido a muchas personas que piensan así). Pero ¿y si resulta que el motivo principal por el que tienes otros proyectos es porque te encantan? ¿Y si lo único que quieres es ampliar tu perspectiva? ¿Y si solo lo haces porque te motiva? La profesora Laurie Santos, de la Universidad de Yale, enseña sobre la ciencia del bienestar en uno de sus cursos. Explica que nos es muy difícil averiguar cuál es la fuente principal de nuestra felicidad. Que no es el trabajo, el empleo o la casa que tenemos lo que nos da la felicidad. Más bien se trata de disfrutar de la bondad, la meditación y la afluencia de tiempo (que es tener el tiempo suficiente para lo que uno quiere). Estos tres factores pueden servir para ser la fuente principal de felicidad duradera en tu vida.

Ikigai es una acción. Es el hecho de convertir el propósito de tu vida en acciones. Y el *ikigai* es tan fiable como una ecuación matemática. Es igual a la afluencia de tiempo, sumada a tus dones y a las recompensas que recibes a cambio. El *ikigai* puede aportar significado a tu vida. No se trata de alcanzar tu destino a través de un medio especificado, sino de disfrutar y dedicar tiempo a las cosas y al trabajo que le dan sentido a tu vida.

La pregunta que puedes hacerte aquí entonces es: ¿he encontrado ya mi *ikigai*? ¿He decidido hacer las cosas que me apasionan? ¿He identificado ya las cosas que se me dan bien? Créeme, tener un propósito y hacer que tu vida gire alrededor de este hace que el esfuerzo valga mucho la pena.

Si ya lo tienes claro, debes centrarte en crear un plan de acción efectivo, porque aquí es donde las cosas empiezan a funcionar en tiempo real. Hay muchos pasos que puedes dar para crear un plan de acción efectivo.

● CREA UN PLAN DE ACCIÓN EFECTIVO

● Identifica qué quieres hacer

Primero tienes que saber qué es lo que quieres hacer, conocer cuál es tu *ikigai*. Tienes que determinar qué es lo que más te gusta hacer y qué es lo que más se alinea con los ocho factores que hemos visto en el diagrama anterior del *ikigai*. Sin saber lo que quieres hacer, estarás trabajando sin rumbo ni propósito. Identificar cuál es tu objetivo te ayudará a crear una mejor visión y tendrás mayor facilidad y claridad a la hora de conseguir cosas. Además, es innegable que el camino hasta llegar al punto en el que se encuentran nuestros sueños y nuestra realidad es muy largo.

● Márcate objetivos

Al marcar objetivos para una organización, el mayor error que solemos cometer se debe a nuestra tendencia a pasar por alto los detalles prácticos y esenciales. Las empresas a menudo se centran en los aspectos principales e ignoran aspectos pequeños pero importantes. Primero tienes que definir el alcance de tu proyecto para poder marcarte unos objetivos. El alcance del proyecto debe incluir primero los objetivos y, después, los resultados finales, prestaciones, propósitos, responsabilidades y fechas límite que hay que cumplir.

Antes siquiera de trazar el ámbito del proyecto para tu objetivo, debes conocer de forma exhaustiva las cosas que son necesarias en el proyecto. Al menos debes tener una idea clara sobre las cosas indispensables para que el ciclo funcione. Haz una lista de todas estas cosas y empieza a reunirlas para poder empezar con el plan.

● Ten una estrategia

Tras haber identificado tu objetivo y desarrollado una visión clara, ha llegado el momento de pensar en una estrategia: el plan principal. Aquí es donde tenemos que ser realistas y concretos. A menudo nos marcamos objetivos a corto plazo poco realistas y tareas que parecen fáciles de conseguir pero que, en el tiempo designado, son imposibles o tremendamente complicadas. Tenemos que marcarnos objetivos que puedan alinearse fácilmente con los plazos que hemos creado. Esto nos ayudará a conseguir a tiempo nuestro objetivo a largo plazo.

Cada una de estas metas debería acercarte un paso más al éxito. Es muy útil tener una lista con todos estos objetivos y metas, o incluso contar con un calendario donde se especifique cada uno. De este modo, podrás evaluar tu crecimiento de una forma mucho más eficiente.

● Márcate hitos

Para conseguir el objetivo principal, ve buscando alcanzar objetivos más pequeños. En este paso en concreto tienes que distinguir entre los objetivos a corto y largo plazo, ya que este es un aspecto muy importante de toda la planificación. Para que sea más fácil conseguir los objetivos a largo plazo, es aconsejable centrarse en crear objetivos a corto plazo. Pero no confundas esto con rebajar tus expectativas. No tienes que olvidarte de tus sueños: simplemente, tienes que alcanzarlos paso a paso.

● Ten una representación visual

No hay muchas personas que le den importancia a este paso, pero es muy importante dentro del procedimiento de planificación. Imagina que estás planteándote fundar una nueva empresa que crees que tendrá éxito si trabajas en ella incansablemente. Si ya te has encargado de cada uno de los aspectos que van desde identificar tu objetivo hasta marcarte los hitos que debes ir alcanzando, ahora deberías centrarte en crear una representación visual. Puedes planteártelo como un «plan de proyecto». Además de esto, deberías tener un diagrama de flujo o de Gantt, o un tablero de Kanban, para llevar un control del progreso. También te ayudará a prever mejor el futuro de tu planificación.

● Lleva un registro

Sin saber o recordar lo que has hecho, ¿cómo vas a ser capaz de planificar con antelación? A medida que avances y sigas cada paso del plan, deberías ir llevando un registro de todo lo que has ido haciendo. Desde el primerísimo día en el que pongas en marcha tu plan hasta el punto álgido, pasando por el primer error catastrófico o crisis, todo debe quedar bien registrado. Estos datos pueden resultarte muy útiles en el futuro, cuando tengas que cambiar el plan de acción o marcarte nuevos objetivos tras conseguir los anteriores.

Hay pasos que tienes que seguir para crear un plan altamente efectivo y ponerlo en acción. Aun así, todos somos muy conscientes del hecho de que la motivación es temporal y tendemos a perder la concentración con el tiempo. A veces esto se debe a que no podemos alcanzar un éxito inmediato, y en otras ocasiones puede deberse a que nos distraemos sin querer de nuestros objetivos. Como ya he dicho antes, el fracaso también puede ser una razón de peso a la hora de querer rendirse y dejar de luchar por nuestros sueños.

En tales casos, deberíamos crear una estrategia de cuatro pasos que nos ayude a tener un compromiso inquebrantable con nuestros objetivos. Estas decisiones tendrán un papel vital para hacer que sigamos fieles a nuestros objetivos y motivarnos continuamente hasta que los alcancemos con éxito. El paso inicial es tomar una firme decisión de «darlo todo». Recuerda que, aunque no vas a la guerra, tu objetivo final requiere un alto nivel de dedicación y determinación. Tienes que prometerte a ti mismo que no te rendirás, sean cuales sean las consecuencias. Puede que haya momentos buenos y momentos malos, pero tu decisión de seguir dedicado al proyecto debe seguir firme.

El paso siguiente es hacerte una sencilla pregunta: «¿Este proyecto tiene mi interés o tiene mi compromiso?». También puedes seguir este paso al crear el plan de acción y al identificar tu propósito; mejor tarde que nunca. A medida que vayas avanzando por el plan de acción, intenta concentrarte y comprender si solo estás interesado en el objetivo final o si realmente estás comprometido. Si solo estás interesado, tampoco te ayudará trabajar con esfuerzo. Te toparás con muchísimos obstáculos y tropiezos que te obligarán a rendirte, incluso si las cosas empeoran un poquito o se salen del plan.

Pero, por el contrario, si te comprometes con el objetivo, entonces no te preocupes demasiado. Si tu compromiso es firme, te inmunizas ante los pequeños tropiezos y obstáculos. Los problemas pequeños no te afectarán ni influirán en lo dedicado que estés a tus objetivos. Puedes alcanzar tus objetivos a corto y largo plazo sin dudar demasiado, pues ya tienes la suficiente confianza como para romper las barreras.

Otra cosa: cuando todo parezca encajar correctamente, empieza a rodearte de personas que te empujen a esforzarte todavía más y a llegar aún más lejos. En este proceso no puedes permitirte ni tan solo un poco de energía negativa. Será malo para tu salud y para tu negocio, todo a la vez. Las personas positivas que tengas alrededor harán de catalizador para proporcionarte la energía necesaria para conseguir tus objetivos. Recuerda que tienes que poner el foco y centrarte únicamente en tu plan. No des prioridad a cosas irrelevantes ni desperdicies tu energía en ellas.

⬤ Sigue aprendiendo

Nunca pienses que ya sabes suficiente. Lo que debes recordar es que el aprendizaje es un proceso que nunca se termina y que, incluso si cuentas con años de experiencia en un campo concreto, siempre tendrás algo que aprender. De todo lo que aprendas en esta vida no habrá nada que te sea inútil.

⬤ No le des más vueltas: ponte en marcha

Has identificado tu propósito, te has comprometido a conseguir este objetivo y ya has creado un plan de acción, así que... ¿a qué esperas? ¿A que se alineen las estrellas a tu favor y a que la buena suerte se encargue del resto? Si este es el caso, todos tus esfuerzos y duro trabajo pueden irse al traste antes de lo que te imaginas. No alcanzarás tu objetivo hasta que no empieces a trabajar en él. No llegarás a tu destino si no empiezas a caminar. Hay un dicho en inglés que me encanta: «Done is better than perfect» [Hecho es mejor que perfecto]. Hazlo ahora, ponte con ello ahora mismo y demuestra a cada uno de tus críticos que estaban equivocados. En este punto, ya sabes que el potencial de conseguir todo lo que te has propuesto está dentro de ti. ¿Qué te frena? ¿El miedo al fracaso? Fracasar una vez, dos o incluso tres no va a cambiar nada. Solo retrasará tu éxito por ahora, pero sabes perfectamente que, si tu decisión es firme, nada podrá retenerte demasiado antes de que consigas alcanzarlo.

● Comprométete con los resultados

Tras marcarte los objetivos, analízalos en profundidad y crea tu plan de acción para actuar a partir de ellos. Lo más importante que debes hacer es plantarte con firmeza y tener la determinación de generar mejores resultados. El éxito llega con una mejor mentalidad. Las malas decisiones y las dudas pueden hacer que te desvíes del camino correcto. No pierdas la determinación y céntrate en lo importante. De lo contrario, podrías empezar a procrastinar y perderías tu recurso más importante: el tiempo. Incluso si tienes una agenda muy apretada y ajetreada, intenta ponerla en orden gestionando bien el tiempo del que dispones, pues es el recurso más valioso que tienes. No lo desperdicies.

Esto es lo que significa aspirar. Tener en mente siempre que no hay nada imposible, y que puedes conseguirlo todo si tienes la mentalidad adecuada. La frase «haz lo que amas» es muy sugerente y puede darte esa chispa de motivación para hacer aquello que amas, pero ponerla en práctica es mucho más difícil que limitarte a tenerla presente. Hace falta mucha dedicación y determinación para conseguir que todo salga adelante. En cuanto empiezas a ponerla en práctica, se convierte en una forma de vivir, en un estilo de vida.

Si quieres arrancar para empezar a trabajar en tu sueño, conviértelo en una prioridad. Tiene que ser importante para ti. En cuanto hayas dado prioridad a tu sueño, serás capaz de sacar más tiempo de donde sea para trabajar en él. En ese momento es cuando tienes que mantenerte motivado y no perder la esperanza de ningún modo. Tienes que aceptar el hecho de que el fracaso es una parte muy significativa de este recorrido. Lo único que tienes que hacer es asegurarte de que aprendes algo nuevo cada vez que fallas para no repetir el mismo error una y otra vez. Encuentra aquello que te apasiona y aférrate a ello con fuerza. Y aunque para hacerlo no tengas que cambiar de trabajo sino solo de actitud, puede que acabes por convertirlo en tu estilo de vida si te lo propones.

Aspirar es liberarte de los grilletes del estrés y la ansiedad de una actividad profesional que no tiene sentido ni futuro para ti. Para ello solo tienes que adoptar una actitud proactiva y visualizar ese destino que mereces y tienes a tu alcance, pero solo si te pones con ello de verdad.

Preguntas de autorreflexión

- ¿Cuál es mi propósito en la vida?
- ¿Cuál es mi plan?
- ¿Estoy interesado en alcanzar mis sueños o comprometido con ello?
- ¿Cuándo empiezo con mi proyecto?
- ¿Cómo sé que voy por buen camino?

Cómo aspirar

«El conocimiento de uno mismo es
el primer paso para toda sabiduría».

—Aristóteles

Para desarrollar los cinco hábitos que te permitirán liderar la innovación e inspirar a tu equipo cada día hemos compilado un marco de trabajo estructurado. Cada hábito propone trabajar cuatro elementos que, a su vez, cuentan con una selección de varios modelos, metodologías o herramientas que nos han funcionado durante estos años y que forman parte de nuestra propia manera de trabajar. Como a nosotros nos funcionan, los queremos compartir contigo. Se trata de una lista abierta que vamos enriqueciendo según avanzamos: probablemente, cuando estés leyendo este libro ya habremos incorporado algunos más a nuestro marco[3].

Vayamos, pues, con el primer elemento de nuestro marco de trabajo particular: aspira.

ELEMENTO 1

¡Despierta!

● EL MODELO DE LA VENTANA DE JOHARI

La primera herramienta que veremos es el modelo de la ventana de Johari. Este modelo fue diseñado por Joseph Luft y Harry Ingram en los años 50. Es una herramienta muy útil para comprenderse, desarrollarse y ser consciente de uno mismo. También puede ayudarte a descubrir tu inclinación, puntos fuertes, puntos débiles y otras áreas inexploradas de tu personalidad.

| El modelo de la ventana de Johari

Este modelo contiene cuatro cuadrantes que representan distintas áreas de tu personalidad. La primera es el área libre, que contiene información que conocéis tanto tú como los demás. La siguiente es el área oculta, que es la información sobre ti que no quieres compartir con los demás. El motivo puede ser que tengas problemas para confiar en la gente o que te falte confianza en ti mismo. El siguiente cuadrante es el área ciega, con información sobre ti que los demás conocen pero tú no. El cuarto cuadrante es el área desconocida, y cuenta con información sobre tu comportamiento que ni tú ni los demás sabéis. El propósito principal del modelo es ampliar el área libre, que trabaja el autodescubrimiento y la apertura hacia los demás. Es por eso por lo que el área libre debería ampliarse tomando algo de terreno de las áreas ciega, oculta y desconocida.

Este modelo ayuda a las personas a tener un conocimiento completo de su comunicación y relaciones interpersonales. También te puede ayudar a desarrollar una conciencia de ti mismo mediante la apertura a las observaciones de otros sobre ti. Y, además, puede permitirte estar seguro de tener un mejor conocimiento sobre ti mismo y sobre tus amigos.

La siguiente herramienta es similar a esta y, por tanto, complementaria, ya que puede usarse para evaluarte a ti mismo y tomar la decisión correcta sobre lo que quieres y amas hacer.

● MODELO DE UFFE ELBAEK

Este modelo te puede ayudar a determinar cómo te ves a ti mismo, cómo quieres verte, cómo quieres que otros te vean y cómo otros te ven.

Siempre hay sitio para el crecimiento personal y la automejora. Tus tendencias y rasgos de comportamiento son buenas opciones para conocerte un poco más.

| Modelo de Ueffe Elbaek

El modelo de Uffe Elbaek es un buen barómetro para determinar cuál es la opinión pública sobre ti. Puntúate en una escala del 1 al 10 que defina tu individualidad en términos de distintos aspectos de tu vida, como se menciona en el diagrama anterior. Relaciona los puntos y fíjate en cuál es tu lugar como persona. Después, pide a otros que hagan lo mismo por ti. De este modo podrás hacerte una idea de cómo te perciben los demás respecto a cómo te percibes a ti mismo.

Tras averiguar qué representas para los demás y cómo te percibes a ti mismo, te será más fácil elegir tu recorrido profesional en un futuro. La autoevaluación te permitirá marcarte objetivos a partir de todo aquello que amas hacer.

A medida que vayas avanzando en el camino hacia los objetivos de tu vida puede que necesites que otras personas te ayuden, porque nadie puede lograr sus propósitos por sí solo. Aunque se diga que la cima siempre es solitaria, necesitarás a otros para que te acompañen hasta arriba del todo. Estas personas son aquellas a las que estarás liderando y, para ello, tienes que evaluarte a ti mismo como líder personal.

● LA TEORÍA DE LA «U»

La siguiente herramienta es la teoría de la «U», de Otto Scharmer. Es un marco de referencia y un método que se basa en el liderazgo personal junto con una estrategia para pensar de otro modo.

La «U» de este modelo representa el movimiento del lado izquierdo de la letra «u» hacia el lado derecho. Según esta herramienta, una persona debe estar abierta a nuevas ideas y no dejarse distraer por pensamientos y emociones.

Esta teoría va de la mano de otro concepto denominado «presenciar». El término en inglés (*presencing*) se formó a partir de la combinación de las palabras «presencia» y «sentir». Esta noción se centra en aprender del pasado y del futuro y, a partir de ahí, determinar el presente.

El modelo indica que cuando una persona permite que entren nuevas ideas en su mente, se vuelve más abierta a la hora de dar espacio a nuevas oportunidades. Este es el momento en el que empieza a observar las circunstancias del pasado y advierte las futuras posibilidades, hasta que llega al punto de «presenciar», que es el concepto que está en medio del modelo de la «U». A partir de este punto, la persona avanza hacia la reintegración y la aceptación de nuevas ideas, cosa que se refleja en el modelo mediante un movimiento ascendente en el lado derecho de la «U». Cuando termina el proceso, estas nuevas ideas podrán empezar a usarse con regularidad. Esta herramienta te ayudará a ver dónde estás en tu recorrido hacia tus objetivos y te ayudará a marcarte una estrategia para el futuro.

1
Co-iniciando
Construir una intención común. Detente y escucha a los demás y a lo que la vida te llama.

5
Co-iniciando
Incorporar lo nuevo en los ecosistemas que facilitan ver y actuar desde el conjunto.

2
Co-sintiendo
Observar, observar, observar. Ve a los lugares de mayor potencial y escucha con tu mente y corazón abiertos.

4
Co-Creando
Prototipo de lo nuevo en ejemplos vivos para explorar el futuro mediante la acción.

3
Presenciando
Conéctate a la fuente de inspiración y voluntad. Ve al lugar del silencio y permite que el conocimiento interno emerja.

| *La teoría de la «U»*

Además, como líder tendrás a un equipo trabajando según tu visión y deberás gestionarlo adecuadamente. La herramienta de evaluación de la habilidad de liderazgo personal puede llevarte a analizar tus puntos fuertes y débiles, cosa que enlaza con la siguiente herramienta.

● BUSCADOR DE FORTALEZAS DE CLIFTON

Encontrar tus puntos fuertes es una de las mejores cosas que puedes hacer por tu parte a la hora de conocerte a ti mismo. En este caso, la tabla de fortalezas de Clifton es la herramienta más adecuada para ti, ya que te ayudará a definir cuáles son tus puntos fuertes. El método, creado por Donald O. Clifton, fue presentado por Gallup (una empresa de investigación estadounidense) en 2001. En la prueba de fortalezas de Clifton exploras cuáles son tus talentos, los defines como fortalezas personales y, finalmente, organizas un plan de acción para aplicar estos puntos fuertes en la vida diaria. Hay 34 temas divididos en cuatro áreas, que describen cómo las personas y los equipos usan sus capacidades a la hora de procesar información, desempeñar sus responsabilidades, influir en otros y entablar relaciones.

Ejecutando	Influyendo	Constuyendo relación	Pensamiento estratégico
Conseguidor	Activador	Adaptabilidad	Analítico
Arreglista	Mando	Conectividad	Contexto
Creer	Communicación	Desarrollo	Futurístico
Consistencia	Competición	Empatía	Ideación
Deliberativo	Maximizador	Armonía	Input
Disciplina	Autoasegurarse	Inclusión	Intelecto
Foco	Significado	Individualización	Aprendizaje
Responsabilidad	Atraer	Positivitidad	Estratégico
Fortalecedor		Realidad	

Buscador de fortalezas de Clifton

Descubrir tus puntos fuertes a través de esta herramienta puede ayudarte a tomar buenas decisiones. Encuentra la perspectiva positiva de tu personalidad y elige el camino que quieres para seguir adelante. Esto te permitirá reducir la amplia cantidad de posibilidades hasta quedarte con lo que realmente te gusta hacer.

Primero tendrás que descubrirte a ti mismo y, después, pasar a identificar tu pasión. Encuentra los puntos positivos que hay en ti y utilízalos para crear buenas relaciones con las personas que te rodean. La siguiente herramienta que vamos a ver te ayudará a saber cómo conseguir esto.

● CUADRANTES DE UNA CUALIDAD PRINCIPAL

Este modelo puede ayudarte a crear y moldear relaciones. Tal vez hayas advertido que, en algunos casos, aquellas cosas que consideras que son cualidades tuyas pueden resultar desagradables para otros. Daniel Ofman desarrolló un modelo para ayudar a otros a encontrar, en primer lugar, cuál es su cualidad principal y, después, ver cómo estas cualidades pueden convertirse en una trampa cuando son molestas para los demás. Este modelo te ayudará a realizar un cambio en tu desarrollo conductual tras pasar por los desafíos a los que puede que tengas que enfrentarte.

Da igual la capacidad o el talento que tengas: si no puedes entablar relaciones duraderas, entonces es posible que nunca llegues a alcanzar todo tu potencial. Dominar esta herramienta te ayudará a ganarte la confianza de los demás y a tener relaciones más fuertes en poco tiempo. Lo más importante que debes recordar es valorar a las personas que te rodean.

Demasiado

Opuesto positivo

Cualidad principal	Obstáculo
Cuadrante de cualidades	
Alergia	Reto

Opuesto positivo

Demasiado

| *El modelo de los cuadrantes de una cualidad principal*

Esto nos lleva a la siguiente herramienta, que sirve para llegar a conclusiones. No solo se trata de tomar decisiones, sino de tomar las más adecuadas. En cuanto encuentras tus puntos fuertes y debilidades, puedes usar esa información para decidir lo que vas a hacer. Esta herramienta te ayudará a la hora de analizar situaciones paso a paso, teniendo presentes todos los aspectos, incluso aquellos que pueden parecer estar más escondidos.

● ESCALERA DE LA INFERENCIA

Las personas a menudo llegan a una conclusión sin ni siquiera advertir qué es lo que las ha llevado hasta ahí. La escalera de la inferencia, usada sobre todo en procesos de *coaching*, es una herramienta que determina un análisis paso a paso de las cosas que te llevarán a la decisión final.

| Escalera de la inferencia

Este modelo fue diseñado por Chris Argyris en 1970 y más tarde Peter Senge lo adaptó en su libro en 1992. Llegamos a las conclusiones de una forma principalmente inconsciente, pero esta escalera te ayudará a evaluar cómo se toman estas decisiones inconscientes, de manera que puedas rectificarlas.

Los líderes deben tomar las decisiones que sean más beneficiosas para su equipo. Por lo tanto, deben ser justos a la hora de decidir el futuro de un equipo que tanto los respeta y admira.

ELEMENTO 2

Tu propósito

Los retos de nuestra vida nos ayudan a definir nuestro propósito. Encuentra tus desafíos principales e intenta entretejerlos en tu situación actual. Si vas tirando del hilo, acabarás encontrando cuál es tu propósito, cosa que no todo el mundo tiene claro el primer día que se lo pregunta. Mucha gente tiene que bucear en su interior para encontrar la clave que le puede hacer levantarse cada mañana con una sensación de plenitud y sentido. Para hacer esto un poco más fácil, nosotros usamos las siguientes herramientas, que te ayudarán a determinar cuáles son tus desafíos y, por lo tanto, te serán útiles para encontrar tu propósito.

● *IKIGAI*

Ya hemos hablado de esta herramienta, pero ha llegado el momento de ponerla en práctica. Recuerda que, según la tradición japonesa, todo el mundo tiene un *ikigai*, que es ese propósito en la vida que te hace levantarte cada mañana y dar lo mejor de ti. Tu pasión, misión, talento y carrera profesional giran alrededor del *ikigai* de tu vida.

Podrás poner en práctica tu *ikigai* cuando seas consciente de cuál es su importancia. Verás los beneficios del *ikigai* cuando hayas terminado de aplicarlo. Esto te dará una visión clara de qué es lo que tienes que hacer y qué te apasiona, cosa que le dará un significado y un propósito a tu existencia.

| *Modelo de* ikigai

Si estás perdido en la vida y no tienes claro cuáles son tu propósito y pasión, entonces tendrás que encontrar un momento para la autorreflexión. ¿Cómo lo puedes hacer? Siéntate en silencio y piensa en ti mismo; medita, sal a correr sin música, conduce en silencio o haz ejercicio. Estas prácticas te ayudarán a advertir quién eres realmente y qué quieres de tu vida. Y, lo que es más importante, te ayudarán a identificar tu propósito y pasión.

Así es como puedes descubrirte a ti mismo. Y cuando lo hayas conseguido, considéralo un serio toque de atención. Las posibilidades son innumerables, pero la pregunta es: ¿cómo vas a usar tu potencial? Pues bien, creo que la solución está en tener un equilibrio en la vida. Mantener un equilibrio te hará estar satisfecho con lo que haces y te permitirá amar lo que haces. La siguiente herramienta te guiará sobre cómo conseguirlo.

● LA RUEDA DE LA VIDA

Mediante esta herramienta puedes traer equilibrio a tu vida y crear felicidad y éxito. Se trata de la rueda de la vida, originaria del budismo tibetano y todo un clásico que se encuentra en la caja de herramientas de *coaches* de todo el mundo. Esta rueda se centra en ocho componentes que vienen a ser las áreas de felicidad de la vida.

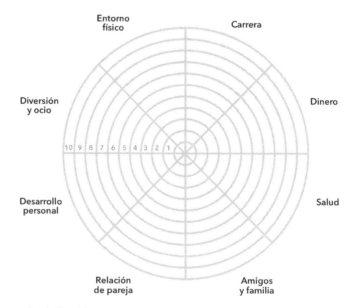

| La rueda de la vida

Trabajar en este modelo te ayudará a controlar tu avance. A menudo se necesita alrededor de medio año conseguir llevar estas áreas a un nivel aceptable de satisfacción. Aun así, siempre queda la necesidad de ser persistente.

Mantener un equilibrio en todos los aspectos posibles de la vida es importante. Tener un equilibrio de vida personal y laboral es tan importante como cualquier otra cosa. Y esto lo digo porque lograr el equilibrio entre pensamientos y emociones es lo que hace a un buen líder. Centrarte en tu intuición y pensamientos y lograr controlarlos es de vital importancia a la hora de decidir qué es lo que quieres hacer en la vida. La siguiente herramienta te ayudará a analizar y controlar tus emociones y pensamientos, y a saber cómo usarlos adecuadamente.

● MODELO DE FLUJO

Uno de los desafíos más importantes a los que te puedes enfrentar al centrarte en tu propósito en la vida son tus emociones y pensamientos. Se trata del modelo de flujo de Mihály Csíkszentmihályi, que describe el estado emocional de una persona mientras lleva a cabo una tarea.

| Modelo de flujo

Tus emociones son el factor clave, ya que tienden a afectar a tu rendimiento a la hora de alcanzar tu objetivo. Por lo tanto, este modelo de flujo puede ayudarte a formular objetivos claros y, además, a crear un equilibrio adecuado entre desafíos y tareas teniendo tus habilidades en cuenta. Intenta dirigir tus emociones del modo que explica este modelo y, después, trata de seguir haciendo lo que amas hacer. Las personas de éxito persiguen sus objetivos de forma incansable, pero es porque se encuentran en esa zona de flujo que puedes ver en la ilustración. Si el reto es lo suficientemente grande para tu capacidad actual, estarás en las mejores condiciones para avanzar en tu propósito.

Pero marcar el propósito es apenas decidir el destino de tu viaje. Ahora toca pensar en cuál va a ser tu plan de ruta para llegar a donde te propones.

Tu camino

En cuanto tengas una visión clara de tus desafíos y hayas terminado de definir tu propósito y tu pasión, el paso siguiente debe ser organizar tu camino. Explora las rutas que te pueden llevar a tus objetivos y los obstáculos que se pueden interponer. Estos obstáculos a menudo se convertirán en oportunidades de crecimiento y cambio. Pero como no podemos mejorar lo que no podemos medir, ¿de qué forma vamos a saber que estamos progresando? A nosotros nos encanta usar la siguiente herramienta.

● OBJETIVOS Y RESULTADOS CLAVE

Para poder marcar, comunicar y controlar los objetivos, es mejor aplicar el proceso de liderazgo de objetivos y resultados clave, con el que podrás planificar tu recorrido y alinearlo con tus objetivos. Se trata de un procedimiento sencillo a través del cual puedes marcarte objetivos y establecer de tres a cinco resultados medibles para cada uno. En cuanto consigas esos resultados, habrás logrado el objetivo al completo. Este proceso se basa en la concentración en cualquier nivel; solo puedes tener entre tres y cuatro objetivos.

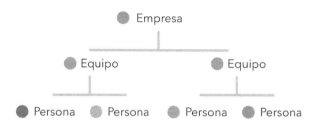

| Objetivos y resultados clave

Del mismo modo que puedes simplificar tu objetivo dividiéndolo en logros más pequeños, también puedes hacer lo mismo con decisiones mayores. Al ser el líder, tomar decisiones importantes para tu equipo puede ser difícil.

Aun así, siempre puedes hacer que un trabajo complicado sea más sencillo si lo divides en tareas más pequeñas.

| Jerarquía de los objetivos y resultados clave

Por otra parte, en el caso de que las decisiones a tomar sean muy complicadas y requieran más esfuerzo de lo normal, puedes simplificar el proceso usando la siguiente herramienta.

● ÁRBOL DE ANÁLISIS DE DECISIONES

Este análisis es una representación gráfica de varios remedios alternativos para solucionar un problema. El árbol de análisis de decisiones se usa para reflexionar sobre los pros y contras e implicaciones que tiene cada opción. Se trata de ser capaz de responder a todas las preguntas hasta llegar a una decisión definitiva.

Si usas este árbol para tomar una decisión, te será más fácil evaluar completamente las soluciones alternativas y las posibles elecciones, cosa que acabará por ponértelo más fácil a la hora de tomar una decisión bien fundamentada.

Puedes planificar el recorrido que seguirás y los objetivos que buscarás cuando quieras tomar las decisiones más duras de tu vida. Estas decisiones también pueden influir significativamente en tu bienestar. Decidir a partir de una paradoja de elecciones puede resultar algo complicado. Esto se da cuando tienes ante ti muchas opciones distintas que pueden darte un resultado positivo pero que, en realidad, te están paralizando y te hacen estar peor.

Cuando llega el momento de tomar grandes decisiones, nos faltan rituales y procedimientos. Tendemos a procrastinar tanto que nos apoyamos en la persona que esté más cerca o nos lanzamos de cabeza a una solución sin examinar. Tener que tomar decisiones difíciles es lo que nos hace ser humanos. Vamos a tomárnoslo de forma positiva. Las opciones complicadas son oportunidades valiosísimas para celebrar todo aquello que hace tan especial a la condición humana. Nosotros, por lo tanto, tendemos a tener el poder al tomar decisiones difíciles para crear oportunidades para nosotros mismos y acabar siendo únicos o, dicho de otro modo... inusuales.

Esto nos lleva al punto en el que podemos concluir que tomar decisiones complicadas es más una oportunidad que una amenaza.

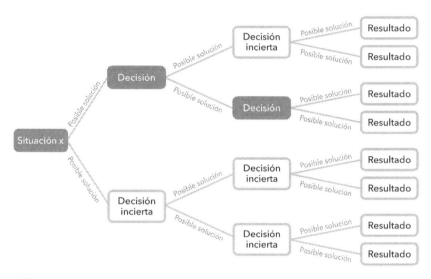

| *Árbol de análisis de decisiones*

Para tomar decisiones más específicas y adecuadas, la herramienta que se explica a continuación también puede facilitarte las cosas.

● ANÁLISIS MULTICRITERIO

La siguiente herramienta es el análisis multicriterio. Se trata de una prueba de análisis de toma de decisiones que estima varios estándares como partes del proceso de toma de decisiones. El análisis multicriterio ofrece una perspectiva entre distintos juicios de valores y es una forma importante de comunicarse entre las distintas partes implicadas en la toma de decisiones.

01 Definir el contexto

02 Identificar la opción disponible

03 Decidir los objetivos y seleccionar los criterios correctos que aportan valor

04 Medir cada uno de los criterios en orden para discernir su importancia relativa

05 Calcular los diferentes valores promediando la ponderación y las puntuaciones

| *Análisis multicriterio*

Tu vida acaba siendo las decisiones que tomas y, si cambias tus decisiones, probablemente acabarás cambiándolo todo. Seguro que, con la ayuda de los modelos anteriores como herramientas, podrás tomar las decisiones adecuadas para el trabajo que amas hacer.

Tu compromiso

Cuando intentamos conseguir un objetivo y un propósito específicos en nuestra vida, podemos acabar distrayéndonos y apartándonos del camino. Según algunos estudios[4], esto pasa debido a una falta de compromiso. Y esta está causada principalmente por la forma en la que nos marcamos los objetivos. Para algunas personas, lo más difícil es seguir alineadas con sus objetivos. Para ellas es muy complicado seguir comprometidas con su propósito en la vida. Aun así, nuestros objetivos pueden ser tan exigentes que tengamos que dar lo mejor de nosotros para alcanzarlos por completo.

Lograr con éxito tus objetivos y seguir comprometido requiere ciertas cualidades: disciplina, esfuerzo, fuerza de voluntad, valentía y fe. Para seguir comprometido con tus objetivos, hay algunas herramientas que te pueden ser de gran ayuda.

● LA TEORÍA DE LA MOTIVACIÓN DE MCCLELLAND

Esta herramienta deriva de la teoría de la motivación de McClelland, que indica que hay cuatro tipos de necesidades motivacionales. Están las necesidades de logro, de poder, de afiliación y de evitación. La teoría afirma que la fuerza de la motivación está directamente relacionada con las necesidades. Para reflejarlo, McClelland desarrolló un modelo de iceberg basado en su teoría de la motivación.

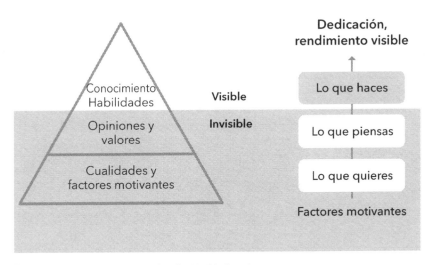

| La teoría de la motivación de McClelland

Para el compromiso hace falta motivación. El compromiso equivale al combustible de un coche: no puede funcionar sin él. Sin motivación, tus objetivos no irán a ningún lado y acabarás perdido en medio de la nada. Saber cuál es tu propósito y seguir comprometido con él es la clave para acceder a este tipo de motivación inagotable. Aun así, para tener motivación también hace falta una energía que pueda permitirte alcanzar tus retos. La siguiente parte de este capítulo describe el papel de la energía a la hora de seguir comprometido con tus objetivos.

● EL MODELO DE LA ENERGÍA

La siguiente herramienta es el modelo de la energía, que refleja la personalidad de un individuo según el tiempo que dedica a reflexionar sobre experiencias pasadas para emitir un dictamen sobre el presente y el futuro. Esta herramienta te puede ayudar con tu personalidad según el tiempo y la energía que dedicas a pensar en el pasado y a decidir sobre el futuro. Así te conocerás a ti mismo y harás lo necesario para alcanzar tus objetivos.

Dejando a un lado las fuentes de energía que un líder deriva de otras partes de su vida, lo más importante es el compromiso que tiene con su objetivo. Esto es lo que explicará la siguiente herramienta.

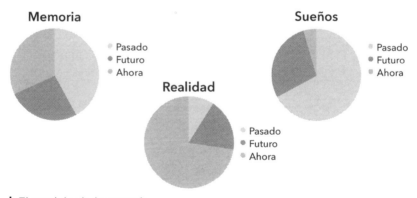

| El modelo de la energía

● EL MODELO PERMA

Se trata de un modelo desarrollado por el psicólogo estadounidense Martin Seligman. PERMA es el acrónimo inglés de las palabras emoción positiva, compromiso, relaciones, significado y logro (respectivamente, «Positive Emotion», «Engagement», «Relations», «Meaning» y «Achievement»). Este modelo nos ayuda a comprender los elementos de la felicidad.

El modelo PERMA puede hacer que las personas sean conscientes de cómo lograr más felicidad y satisfacción tras centrarse en los cinco elementos implicados. En cuanto ya te hayas centrado en los cinco elementos emocionales, podrás empezar a trabajar mejor si sigues comprometido con tus objetivos.

| El modelo PERMA

Como hemos comentado anteriormente, la motivación es crucial para seguir comprometido con tus objetivos, así que la siguiente herramienta te ayudará a modificar más tu motivación en relación con tus necesidades psicológicas. Se trata de la teoría de la autodeterminación.

● LA TEORÍA DE LA AUTODETERMINACIÓN

Esta herramienta te ayudará a avanzar hacia tus objetivos. Fue desarrollada por los estadounidenses Edward L. Deci, profesor de psicología, y Richard Ryan, profesor de psicología clínica.

Esta teoría enfatiza la motivación humana y las necesidades psicológicas innatas. Con este modelo se evalúan los motivos que hay tras las decisiones de las personas sin la influencia de factores externos.

La teoría de la autodeterminación se centra en los comportamientos de los individuos que los hacen seguir comprometidos con sus objetivos. Cuando otras personas ven los comportamientos de los líderes ante las exigencias de los cambios, se alinean rápidamente con estos nuevos comportamientos y ellas mismas aceptan y promueven el cambio. Por lo tanto, los líderes inusuales necesitan tener un comportamiento motivador respecto a sus objetivos, lo que tendrá un impacto positivo sobre los equipos.

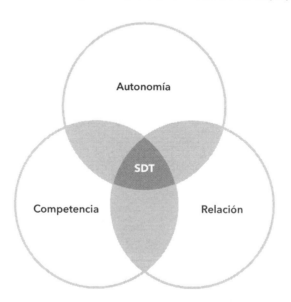

| La teoría de la autodeterminación

Estos modelos realmente se pueden usar como herramientas para practicar lo que hemos comentado en este capítulo sobre aspirar, que es hacer aquello que amas hacer.

Preguntas de autorreflexión

- ¿Cómo te ves a ti mismo? ¿Te sientes satisfecho?

- Identifica y enumera tus puntos fuertes y débiles. ¿Estás contento con tu nivel de motivación?

- Trabaja cada herramienta una a una. Apunta las cosas que has visto sobre ti mismo y fíjate especialmente en las cosas que has descubierto.

Ahora veremos el hábito de transpirar, la evolución natural de este capítulo.

TRANSPIRA

Ama lo que haces

5. El problema

7. El valor

6. La solución

8. El beneficio

SEGUNDO HÁBITO

TRANSPIRA
Ama lo que haces

«O haces lo difícil y logras el éxito,
o haces lo fácil y vives en la mediocridad».

—*Eric Thomas*

En el capítulo anterior hemos comentado el hábito de aspirar y hemos hablado de lo que necesitamos para descubrir la cima que queremos conquistar. Pero una cosa es desearlo y otra es conseguirlo, y para eso hay que invertir tiempo y esfuerzo. Este aspecto es clave porque es lo que diferencia a la gente inusual de la convencional. Los líderes inusuales no se rinden fácilmente una vez que tienen claro lo que quieren. Como dice Eric Thomas: «Todo el mundo quiere brillar como un diamante, pero muy pocos están dispuestos a sufrir que los tallen».

En este capítulo vamos a hablar del hábito de transpirar. Una vez que ya has aspirado (es decir, has trazado los objetivos que quieres en tu vida), el siguiente paso es transpirar, siguiendo el principio de «ama lo que haces». Cuando te hayas marcado unos objetivos y hayas planificado lo que vas a hacer en el futuro, entonces tendrás que empezar a seguir ciertos métodos, rumbos y procesos que te ayudarán y te guiarán hacia tus retos. Vamos a descubrir algunos métodos específicos que podrás usar como guía sistemática para ayudarte a lograr lo que te propongas en tu vida. Por último, también encontrarás algunos de los factores importantes implicados en el proceso de transpirar.

En primer lugar, analízate a ti mismo. Evalúa las destrezas que posees. Sé consciente de las cosas que se te dan significativamente bien. Cada uno de nosotros tiene un conjunto de habilidades especiales, y tú no eres una excepción. Aun así, tienes que buscar dentro de ti. Descubre cuáles son. Explóralas.

● DESTREZAS BÁSICAS

Básicamente, con «destrezas» me refiero a una clasificación exclusiva de conocimientos, capacidades y prácticas esenciales para llevar a cabo un trabajo. La belleza de las destrezas es que no necesitas ser un experto. No hay nadie que las tenga todas. Si te decides a trabajar una serie de destrezas concretas comprometiéndote a mejorarlas, creo que podrás considerarte una persona afortunada. Aun así, hay algunas destrezas básicas que todo el mundo debería implementar en su vida.

Tony Wagner, experto en educación, ha llevado a cabo un estudio[1] detallado sobre el desarrollo de algunas habilidades críticas que necesita todo profesional.

● Una mentalidad de resolución de problemas

La capacidad de solucionar problemas es poco común en la mayoría de las personas. Muchos de nosotros nos olvidamos de analizar el problema antes de proponer una solución y acabamos ahogándonos en un vaso de agua. El pensamiento crítico es analizar un problema desde varias perspectivas para descubrir sus causas. Todo esto es necesario para llegar a una solución, y es por eso por lo que el pensamiento crítico es la base para las habilidades de resolución de problemas.

Tienes que analizar la situación de forma crítica, identificar las causas para solucionar el problema y, después, captar las ideas innovadoras ocultas dentro del problema. Hablaremos de este tema con mayor detalle más adelante.

● Colaboración más allá de las redes

Las empresas de hoy en día empiezan a contratar cada vez más a personal temporal y por proyectos. En unos años, se espera que un 40 % de los ingresos de las empresas sean generados por el personal temporal[2]. Hoy en día, tanto el personal fijo como el temporal contribuyen a la generación de los resultados de las empresas. Los límites geográficos ya no son una barrera o un contratiempo a la hora de colaborar.

Al trabajar cada vez más digitalmente de forma internacional, el liderazgo ya no puede centrarse en el ejercicio de la autoridad, sino en liderar mediante la influencia. Por lo tanto, se trata de armonizar a distintos grupos situados en cualquier parte del mundo para que trabajen juntos en una misma visión. Y, para ello, el líder cumple un rol fundamental.

● Actividad y flexibilidad

La educación y formación que recibimos en su día no nos preparó a conciencia para adoptar novedades y responder ante ellas. Nuestras mentes se educan desde una edad muy temprana para que acabemos habituándonos a hacer las mismas cosas una vez tras otra. Nos adaptamos a los mismos procedimientos que llevan años usándose. Aprendemos una vez a hacer algunas cosas y después intentamos aplicar los mismos métodos de forma repetida. Esto es lo que Richard Paul afirma en su libro *Critical Thinking: How to Prepare Students for a Rapidly Changing World* [Pensamiento crítico: Cómo preparar a los estudiantes para un mundo cambiante]. En él explica que aprender significa «habituarse a hacer algo».

Es necesario que los profesionales de hoy en día desarrollen en sí mismos las habilidades para aceptar procesos nuevos y adaptarse a ellos. Deben ser lo suficientemente rápidos y activos como para responder a los cambios, aunque estos sean repentinos e inesperados.

● Autoliderazgo

La capacidad de tomar la iniciativa es una destreza esencial para los profesionales. Debemos prepararnos para hacer frente a un futuro lleno de desafíos globales. Las personas que quieren progresar profesionalmente deben poseer habilidades de autoliderazgo, que también es lo que las empresas buscan en un candidato. Todos deberíamos ser lo suficientemente capaces como para enfrentarnos cada día a nuevos desafíos y generar mejores estrategias y soluciones para el progreso.

● Comunicación

Esta es una destreza indiscutible. Las empresas necesitan a personas con habilidades de comunicación, tanto oral como por escrito. Se trata de un valor añadido en cualquier persona. Unas buenas habilidades de comunicación aumentan las posibilidades de éxito de cualquier profesional. Esta destreza permite que un individuo pueda tener relaciones sólidas no solo con la organización, sino con clientes y colaboradores. Cuando alguien tiene buenas dotes de comunicación, y lo hace de forma inusual, entonces es capaz de presentar sus argumentos de una forma efectiva y memorable.

Evaluación y análisis

En el mundo de las tecnologías de la información en el que vivimos tenemos acceso a una gran cantidad de información, incluyendo noticias falsas (*fake news*). Cada vez es más necesario analizar los pros y contras de una forma adecuada. Esto nos permitirá averiguar cuál es el enfoque más adecuado para encontrar la solución a un problema determinado. Ser capaz de analizar y evaluar correctamente un problema es una de las habilidades más importantes que puede desarrollar un profesional.

Visión e interés

Marcar objetivos no es suficiente; también tienes que visualizarlos. Esta destreza es esencial para toda persona que trabaje en un entorno organizacional. Visualiza tus objetivos y, después, sigue avanzando para averiguar cuál es el mejor método de lograrlos. Responde a todas las preguntas que puedas tener antes de pasar a la acción. Resuelve por adelantado todos los problemas, de modo que puedas evitar cualquier malinterpretación de tus objetivos en el último momento.

Métodos para mejorar tus destrezas

Ahora que ya cuentas con una comprensión de varias destrezas, me gustaría comentar algunos de los métodos que podrían ayudarte a mejorarlas.

⬤ Céntrate en tus puntos fuertes

Cuando somos pequeños, nos suelen enseñar en la escuela que nos tenemos que centrar en nuestros puntos débiles para corregirlos. Nos han enseñado a pensar: «¿Qué es lo que hago mal?».

Déjame que te cuente una pequeña fábula para ilustrar lo que quiero decir:

> Había una vez un conejo al que le llegó la hora de ir a la escuela. Como todos los conejos podía saltar muy bien, pero no sabía nadar. Al final del año el conejo tuvo muy buena nota en salto, pero suspendió natación. Sus padres estaban muy preocupados, y sus amigos (en especial los más veteranos) estaban especialmente alarmados. Entonces le dijeron al conejo que se olvidara de saltar; que, aunque se le diera muy bien, a partir de ahora se concentrara más en mejorar su capacidad de nadar. Así que le animaron a apuntarse a clases extra y a buscarse un buen entrenador de natación para corregir su debilidad. ¿Qué pasó? ¡Pues que el conejo se olvidó de cómo saltar! Respecto a nadar... ¿alguna vez has visto a un conejo nadando?

Albert Einstein escribió: «Todo el mundo es un genio. Pero si juzgas a un pez por su capacidad para trepar a un árbol, se pasará toda la vida creyendo que es estúpido».

Aunque es importante saber lo que no se nos da bien, es mucho mejor enfocarnos en apreciar nuestros puntos fuertes, que son los que nos dan la energía suficiente para proteger nuestros puntos débiles. En todo caso, se trata básicamente de mantener un equilibrio entre nuestros puntos fuertes y los débiles. Necesitamos considerar ambas cosas, pero dirigir toda nuestra concentración a lo que no hacemos bien acabará teniendo consecuencias negativas a largo plazo.

La mayoría de los estudiantes llegan a la universidad sin una hoja de ruta para el éxito. Se pasan todo el instituto haciendo una lista de todos los pasos necesarios para entrar en la universidad de sus sueños. Tras graduarse, a menudo acuden a los libros de autoayuda y a seminarios motivacionales para saber más sobre cómo tener éxito en sus vidas. Pero ¿qué pasaría si el camino al éxito fuera sencillo y comprensible para todos nosotros? ¿Y si fuese algo tan fácil como identificar y aprovechar nuestros puntos fuertes y los de los demás en vez de fijarnos en las debilidades?

Don Clifton, padre de la psicología basada en fortalezas y creador del test de fortalezas de Clifton, fue pionero en la estrategia de cómo identificar y activar tus puntos fuertes y ventajas. Por su trabajo, la Asociación Estadounidense de Psicología otorgó a Clifton un reconocimiento presidencial como padre de la psicología basada en fortalezas. Su estudio más famoso sobre cómo encontrar tus propias fortalezas también está disponible en un libro llamado *Conozca sus fortalezas 2.0*. Las fortalezas de Clifton han ayudado a individuos y profesionales a desarrollar un sentido de psicología positiva en el mundo corporativo. El trabajo de Clifton en lo referente a encontrar los propios puntos fuertes ha permitido a muchísimas personas identificar sus habilidades y talentos únicos, además de mostrarles la forma de tener éxito en sus puestos de trabajo aplicando estas fortalezas. La obra de Clifton se ha convertido en un movimiento y aprendizaje que se está transmitiendo a profesionales de todo el mundo.

Por otro lado, otro ejemplo es Salman Khan, fundador de la archiconocida Khan Academy, que ha revolucionado el campo de la educación.

No es una mera formación en línea: a través de su academia ofrece un aprendizaje *online* de primer nivel. Khan, que hizo un MBA en Harvard, empezó a dar clases de refuerzo de matemáticas a distancia a su primo, que vivía en Luisiana. Uno de sus amigos le dijo que hiciera vídeos de sus tutoriales y que los publicara en YouTube. Desde entonces, Khan no ha hecho más que ganar popularidad. Fue capaz de empezar su propia academia *online* y de ayudar a muchos estudiantes a través de internet. La Khan Academy cuenta con el respaldo de la fundación de Bill y Melinda Gates, y además Google también está implicado en el equipo. Carlos Slim está proporcionando fondos a la academia para la traducción al español de sus contenidos.

Seguramente Salman Khan no tenía ni idea de que algún día acabaría convirtiéndose en un emprendedor en el mundo de la educación. Pero es lo que acabó pasando cuando se centró en sus puntos fuertes, porque formar a otras personas era lo que mejor se le daba. Nadie pudo detenerlo a la hora de brillar en su ámbito. Si le hubieran pedido que enseñara arte, seguramente no lo hubiera hecho tan bien, porque lo que él domina son las matemáticas. Él conocía sus fortalezas, se centró en ellas y siguió refinándolas. Y así es como acabó teniendo la idea de crear su propia academia de matemáticas.

Yo creo firmemente en la idea de que lo mejor que podemos hacer es basarnos en nuestros puntos fuertes para, de este modo, ser un modelo para los demás. Deberíamos aspirar a convertirnos en esto. Piensa en algún punto fuerte del que estés especialmente orgulloso. Después, intenta identificarlo y esfuérzate por activarlo en tu vida.

Cuando superamos la treintena ya conocemos bien cuáles son nuestros puntos fuertes y nuestras capacidades. Somos conscientes de nuestras habilidades y sabemos lo que se nos da mejor. Si ya has hecho una lista de tus fortalezas, intenta ahora centrarte solo en algunas. No hace falta que siempre las lleves todas a cuestas allá donde vayas.

Una estrategia que adopta mucha gente es tender a centrarse en sus puntos fuertes en conjunto. Intentan mejorar sus habilidades encadenándolas todas en bucle y convirtiéndolas en un ciclo de mejora. Es como pintar una pared con un rodillo que, con una sola pasada, cubra lo máximo en el menor tiempo posible. Esto da buen resultado, ya que puedes mejorar todas tus capacidades a la vez, lo que conlleva un mayor crecimiento y energía para seguir avanzando.

Pero si, en lugar de eso, te centras específicamente en algunos de tus principales puntos fuertes, eso te llevará a una escala de crecimiento aún mayor. Es como sacarle punta a una flecha y tener muy claro cuál es tu apuesta para que la gente se asocie con una capacidad en concreto. Si pones el foco en eso, la gente pensará en ti cuando busque a alguien que sea bueno en algo que coincide con tu habilidad principal.

Por ejemplo, si crees que no se te da muy bien transmitir tus ideas a los demás de forma oral y estás convencido de que la escritura es la mejor forma de expresarte, entonces empieza por realzar tus habilidades de escritura. Enfócate en convertirte en alguien al que reconocen porque escribe muy bien. Este es el mayor favor que puedes hacerte a ti mismo.

Cuando te centras más en tus puntos débiles, tu rendimiento cae en picado en un 26,8 %. Estos son los resultados que encontró un estudio[3] realizado por Corporate Leadership Council. Este estudio implicó a más de diecinueve mil empleados de casi treinta países. Si fueras el director general de una empresa, ¿permitirías que tus colaboradores redujeran su rendimiento en un 26,8 %? La respuesta, desde luego, será un «No» rotundo.

Nuestras mentes están programadas para centrarse más en la negatividad que en analizar todo lo positivo que sigue habiendo a nuestro alrededor. Cuando encuentras una debilidad en ti, de inmediato tienes ganas de arreglarla rápidamente. Tenemos que cambiar ese paradigma de centrarnos en las cosas que nos faltan para pasar a fijarnos en lo que ya tenemos y debemos apreciar. Si dejamos atrás el 26,8 % ya vamos por buen camino.

Reforzar los puntos fuertes es un concepto relativamente nuevo, pero ya empezamos a tener muchas pruebas de que los puntos fuertes son clave para predecir un buen rendimiento.

Una mayor resiliencia, mayor resistencia al estrés, más compromiso y mayor satisfacción del cliente son algunos de los puntos fuertes que muchas personas prefieren tener. Vamos a fijarnos en los ejemplos de Mozart, Rafael Nadal, Madonna o Apple. Todos ellos se han convertido en líderes mundiales porque se centraron en sus talentos. Puede que Madonna no tenga la voz más original del mundo, pero no se centró en arreglar su voz o en lograr que sonara perfecta. A lo que dedicó más atención fue a su actuación sobre el escenario y a sus habilidades de transformación.

Luego tenemos a Rafael Nadal, uno de los mejores tenistas de todos los tiempos a pesar de su saque, que no es para nada sobresaliente. Lo que le ha hecho llegar a la cima es su fuerza física y mental.

En el caso de Apple, el iPhone puede que no sea el mejor teléfono tecnológicamente hablando. Pero, a pesar de esto, las personas lo siguen deseando porque les parece muy diferente en términos de aspecto, con prestaciones exclusivas y una espectacular experiencia de usuario. Apple ha creado un imperio a partir de la fuerza aspiracional.

«El único propósito de la organización es que los puntos fuertes sean productivos y los puntos débiles, irrelevantes».

—*Peter Drucker*

El mismo estudio mencionado anteriormente también descubrió que, cuando los líderes se centran en las fortalezas de sus empleados, la tasa de rendimiento máximo aumenta en un 36,4 %. Es así como David pudo derrotar a Goliat: se centró en la inteligencia más que en la fuerza física.

La pregunta que viene a continuación es cómo identificar tus puntos fuertes. Evidentemente, hay innumerables herramientas y enfoques que puedes seguir para identificar tus habilidades. Alex Linley, fundador del Center of Applied Positive Psychology (CAPP), sostiene uno de los enfoques más fiables y exhaustivos para encontrar tus puntos fuertes. Él se centró principalmente en tres dimensiones: rendimiento, energía y uso.

Ahora, hazte tres preguntas:

1. ¿Qué se te da bien?
2. ¿Qué te da suficiente energía?
3. ¿Cuán a menudo usas esta habilidad?

Tus puntos fuertes son, en realidad, formas de sentir, pensar y actuar en aquello que se te da muy bien. Estas fortalezas pueden darte mucha energía. Si las usas de forma adecuada, les sacarás el máximo partido. La idea aquí es utilizar tus puntos fuertes en el momento adecuado, la cantidad correcta y de la forma más efectiva.

También puedes usar tus fortalezas para compensar tus puntos débiles. Otra oportunidad es doblar el trabajo en equipo basado en fortalezas, lo que significa que, para alcanzar los objetivos de tu organización, tienes que fijarte en los puntos fuertes de cada miembro de tu equipo y, después, asignarles las tareas correspondientes a sus habilidades. Hacer un trabajo en el que puedes dar lo mejor de ti puede ser muchísimo más satisfactorio que cualquier otra cosa.

Si identificas tus puntos fuertes y después los combinas creativamente para alcanzar la excelencia, transformarás la adversidad en oportunidad y la gente te reconocerá por ello.

● Piensa en las restricciones

Hay limitaciones, restricciones y obstáculos en la vida a los que tenemos que enfrentarnos sí o sí. Pueden darse en nuestro hogar, bienestar físico, trabajo o negocio. Todo en nuestras vidas nos llega siempre con un conjunto de restricciones. Aquí vamos a fijarnos especialmente en las de nuestro entorno profesional.

Imaginemos a Bob, el director ejecutivo de una empresa que ha estado dando unos resultados espectaculares durante los últimos cinco años. Pero en el último ejercicio, la compañía ha sufrido una gran pérdida económica debido a que las ventas de sus productos se han frenado. En una situación así, en la que un directivo se enfrenta a una gran pérdida económica, ¿cuáles pueden ser los impactos y las soluciones? El impacto de una pérdida económica así podría significar recortes en los gastos. Entre otras cosas, servicios como el seguro médico y las instalaciones gratuitas, como el gimnasio, que se ofrecían al personal podrían acabar reduciéndose o incluso eliminarse por completo.

Esa es una reacción lógica y primaria ante esta situación, pero ¿es la única? Probablemente, si Bob fuera un líder inusual, daría unas cuantas vueltas antes de ir directo a recortar gastos. En primer lugar trataría de conservar la calma y analizar bien la situación. Pediría ayuda a su equipo para identificar primero el problema que podría haber causado la pérdida de ventas y, entonces, crearía un reto con el que generar ideas que pudieran revertir la situación. Después, les animaría a no dejarse influir por esta complicada situación y a seguir dando lo mejor de sí mismos para la empresa. Les diría —y demostraría— que la empresa cuenta con ellos para alcanzar el reto. Crea-ría una zona segura para evitar que la gente empezara a pensar que se quedará pronto sin trabajo. La gente no suele usar su mejor versión cuando tiene miedo. Quizás el equipo se daría cuenta de que la empresa necesita re-pensar sus productos de todas las maneras posibles. Se cuestionarían sus tácticas y estrategias de *marketing* para desplegar la marca de forma distinta. Si una opción no produjera resultados, aprenderían de ella y seguirían bus-cando. El problema sería el mismo, pero mientras un di-rectivo convencional aplicaría la lógica, un líder inusual iría un poco más allá con la ayuda de su equipo.

⬤ Trabaja con eficacia y de forma inteligente

Algunos estudios[4] recientes han demostrado que las ho-ras laborales que los empleados dedican a su trabajo son superiores a su productividad real. Independientemente del factor de productividad, la mayoría de los empleados piensan que la jornada laboral no es suficiente como para hacer todo lo que se les exige. En consecuencia, los em-pleados piensan que están retrasándose, lo que no es po-sitivo para su productividad y salud.

Algunos empiezan a pensar que trabajar más de las horas laborales establecidas aumentaría su rendimiento. Pues te diré que de ningún modo va a suponer un resultado positivo en la calidad de tu productividad. Según un es-tudio[5] realizado por John Pencavel de la Universidad de Stanford, incluso si un empleado trabaja setenta horas a la semana, no produce mejores resultados con estas quin-ce horas extra (de media, este estudio considera que un empleado dedica cincuenta y cinco horas semanales al trabajo). Así que, en vez de forzarte a dar unas horas extra a la empresa que no te producirán ningún buen resultado, sería mejor centrarse en la calidad del trabajo que ya es-tás haciendo dentro del horario laboral normal.

En resumen: ¿crees que tú o tu equipo necesitáis más horas para trabajar de forma eficiente? Pues bien, yo sugiero que esa no es, para nada, la respuesta. Un líder inusual anima a su equipo a trabajar de forma efectiva en menos tiempo para ser más productivo. ¿Y cómo se consigue eso? A continuación te propongo algunos temas a tener en cuenta que pueden serte útiles:

- ¿Qué es lo primero que haces cuando se te asigna una tarea? Pues, evidentemente, elaboras una lista de cosas por hacer. Pero esta lista estará cargada principalmente de cosas que ni siquiera son necesarias. Harás un montón de trabajo que más bien te retrasará a la hora de hacer tus demás tareas. Así que redacta una lista que se centre en tres o hasta cinco tareas principales (también conocidas como Tarea Más Importante o MIT, del inglés «Most Important Task»). Céntrate en solo una tarea antes de pasar a la siguiente, sin hacer varias a la vez. Según Lou Babauta de ZenHabits: «Tus MIT deberían estar relacionadas con tus objetivos y deberías intentar abordarlas antes de mediodía, ya sea en tu casa o en tu lugar de trabajo. Aborda tus MIT por la mañana». Haz que tus mañanas sean más productivas; de lo contrario, el resto del día acabará ocupado con las nuevas tareas.

- Mide siempre tu resultado y no el tiempo que has dedicado a lograrlo. Lo que importa es el producto final, al margen de las restricciones de tiempo. Por ejemplo, imaginemos que eres un periodista y has escrito mil quinientas palabras en seis horas y que, aun así, sientes que no has sido lo suficientemente productivo. ¿En algún punto te has fijado en que esas mil quinientas palabras eran información de alta calidad sin ningún error? ¡Eso sí que es un logro! Tu trabajo debería centrarse más en la calidad y menos en la cantidad. Esa es una herencia de la era industrial, donde se trataba a las personas como unidades de producción fija.

- Tu actitud respecto a tu trabajo es lo más importante. Una actitud positiva te hace tomar la iniciativa, te aporta nuevas ideas y te hace ser más creativo en tus tareas. Con una actitud positiva en el trabajo serás capaz de ayudar a otros que, a su vez, también te echarán una mano siempre que lo necesites. La positividad en el lugar de trabajo te ayudará a marcarte estándares y a ser responsable de tus tareas, y también podrás tomar decisiones que dependan de tu intuición.

- Todos sabemos que la falta de comunicación lleva a una productividad inferior. Al margen de que la comunicación sea una de tus habilidades predilectas, procura reforzar tus habilidades de comunicación para captar ideas nuevas e innovadoras. Esto también te ayudará a solucionar malentendidos relacionados con el trabajo o las personas. Escuchar siempre es útil: es lo que hace que un grupo de personas con distintas ideas que trabajan en un mismo proyecto puedan explorar métodos y formas diferentes de llegar a un mismo destino.

- Márcate una rutina para tu productividad y síguela. En cuanto veas que esta nueva rutina te ha aportado algunos buenos resultados, sabrás que se trata de una opción factible y, si empiezas a seguirla con constancia, acabará convirtiéndose en un hábito. Si empiezas a seguir una rutina, serás capaz de trabajar de una forma más rápida y eficiente a largo plazo.

- Olvídate de la multitarea. Algunas personas creen que son capaces de hacer varias cosas a la vez. Pero los seres humanos somos incapaces de desempeñar varias tareas complejas de forma simultánea. Lo único que pasa es que la mente va cambiando su foco de atención del trabajo a otra cosa, todo al mismo tiempo, sin que realmente estemos consiguiendo nada. Céntrate primero en una cosa, da lo mejor de ti y después pasa a lo siguiente, de modo que ninguna tarea acabe ignorada.

- Libera tu estrés. Es evidente que la carga de trabajo implicará, desde luego, mucho estrés. Aun así, tienes que superar el estrés laboral. Una de las mejores formas de saltar de este avión del estrés laboral y de renovar tu mente es dedicar un tiempo diario a la meditación; creas en lo que creas, tienes una dimensión espiritual por trabajar. También puedes hacer ejercicio o deporte, escuchar música, pasar tiempo con la familia y amigos, etc. Otra forma de reducir tu estrés laboral es preparando muchas cosas de antemano, de modo que no tengas que improvisar y sepas qué puedes esperar para el día siguiente. Trataremos este tema más a fondo en el último capítulo, que trata del hábito de respirar.

- Disfruta de tu trabajo. Aunque la mayoría de la gente trabaja porque tiene que hacerlo, procura ser inusual y amar tu trabajo: disfrútalo y aprovéchalo al máximo. Incluso las personas que están dedicándose a hacer realidad sus sueños odian algunos elementos de su trabajo o algunas tareas en concreto. Sea cual sea el caso, si te enfocas en el trabajo que realmente te gusta hacer, disfrutarás mucho más y aportarás más valor en todo lo que hagas.

- Aprovecha tus ganas de procrastinar: puede que esta técnica parezca una locura, pero te aseguro que tiene su truco. Esto es lo que puedes conseguir si te encargan una tarea pero prefieres dejarla para más adelante: sorprendentemente, según la ley de Parkinson, «si te esperas a hacerlo en el último momento, solo te llevará un minuto hacerlo». Imagínate que tienes una fecha límite muy ajustada y que has estado posponiendo la tarea hasta el último momento. La has terminado en, literalmente, una hora, y llevas un mes entero evitándola. ¿Tienes la habilidad de hacer las cosas al límite? Yo creo que sí. Así es como puedes beneficiarte de esta costumbre de retrasar las cosas pero, a la vez, tampoco debes adoptar el hábito de pensar que puedes hacer algo en una hora si te han dado un día entero para terminarlo. Según Thai Nguyen, de TheUtopianLife.com: «Marcar plazos límite más ajustados para una tarea o programar una reunión antes supone una gran ventaja para la eficiencia». No obstante, también es cierto que tener una fe ciega en tus capacidades puede acabar costándote muy caro, o sea que usa este consejo con precaución.

● *Feedback* o comentarios: darlos, recibirlos y aplicarlos

Los comentarios sobre el rendimiento deben ser precisos; de lo contrario no sirven para nada. Deben darse de forma limitada, para no abrumar todavía más a la persona que los recibe; además, deben ser comprensibles. ¿Cómo puedes estar seguro de que tus comentarios serán útiles para el otro? En primer lugar, ten en cuenta que no es lo mismo dar *feedback* que criticar. Confirma que el otro ha entendido claramente lo que le has dicho y que lo has hecho para ayudarle, no para mostrarte superior. Deberías limitarte a destacar las cosas que ha hecho de forma incorrecta; de lo contrario, te perderás lo que sí que está haciendo bien.

Aprovechar el *feedback* o los comentarios sobre el rendimiento requiere mucha práctica. Cuando seas tú quien los reciba, puedes limitarte a escucharlos de forma positiva y aceptarlos como un consejo. A partir de ahí, céntrate en dos o tres de las ideas principales que te hayan dicho: seguro que te resultarán útiles a la hora de cambiar tu forma de trabajar.

En lo referente a aplicar estos comentarios, lo primero que debes hacer es tener autodisciplina. Cuando ya seas disciplinado, podrás centrarte solo en las cosas importantes. Puede que, según los comentarios que hayas recibido, tengas una lista de veinte cosas por hacer. Aun así, deberías centrarte en solo un par de ellas y dejar las demás en espera.

«Los comentarios sin datos específicos no ayudan a que una persona pase a la acción para mejorar».

—Amy Knight

* Cuando estés comentándole a alguien su rendimiento de forma sincera, intenta ser siempre específico en vez de superlativo. Esto implica que usar palabras como «interesante», «relevante» o «efectivo» siempre es mejor que «excelente», «maravilloso» o «genial». Estas palabras en concreto solo hincharán el ego de la persona que las recibe y no la ayudarán a centrarse en sus habilidades.

* Se ha observado que algunos empleados están acostumbrados a solo recibir *feedback* sobre su rendimiento sin realmente pasar a la acción para aplicarlo. Convierte en un hábito el hecho de aplicar de verdad esos comentarios, de modo que te sirvan para mejorar. Hay una forma de hacer que los miembros de tu equipo se acostumbren a aplicar los comentarios sobre su rendimiento. Como líder puedes pedirles de vez en cuando que te expliquen si realmente han conseguido aplicarlos con éxito. Las reuniones de equipo son un espacio perfecto para esto.

* No te retrases a la hora de transmitirles tus comentarios a tus colaboradores. Aumenta la frecuencia de dar una respuesta cuando se termina una tarea asignada. Esto acelerará el rendimiento del equipo, ya que estarán motivados para dar el paso siguiente.

- Se entiende que la idea de estos comentarios es informar a quien los recibe sobre sus debilidades y aspectos a mejorar, además de mostrar un aprecio por su esfuerzo. Recuerda que es mejor centrarse en los puntos fuertes que les han producido mejores resultados que perder el tiempo tratando de mejorar sus puntos débiles.

- Emplea un lenguaje optimista y usa palabras positivas en tus comentarios. Puedes tener un impacto mucho más profundo según cómo empieces las frases. Por ejemplo, empieza la conversación así: «Me ha gustado tu presentación. También creo que hay algunas cosas que podrías mejorar, las podemos comentar cuando tú quieras».

- Tus comentarios deben estar más inclinados a ofrecer soluciones y no solo centrarse en los problemas. No desanimes al receptor de tal modo que deje la tarea y retroceda. De hecho, deberías proporcionarle conocimiento sobre los remedios para mejorar, apuntando al cómo y cuándo.

- Asegúrate de que la persona ha entendido tu opinión. Pídele que te resuma con sus propias palabras lo que le has dicho para comprobar si tu *feedback* le ha llegado y le va a ser de utilidad.

Espero que este capítulo te sea lo suficientemente útil como para motivarte a transpirar adecuadamente. Con la frase «ama lo que haces», lo que quiero transmitirte es que uno nunca debería hacer su trabajo solo por hacerlo. Siempre debes entregarte en cuerpo y alma. Solo entonces serás capaz de obtener el mejor resultado de tus acciones. Veamos un resumen de lo que hemos hablado.

Desarrolla las destrezas adecuadas y aplícalas no solamente a tu vida diaria, sino también a tu trabajo. Intenta centrarte siempre en tus puntos fuertes en vez de en tus puntos débiles.

Destaca lo que haces mejor en vez de preocuparte por lo que no puedes hacer. Identifica lo que te supone una restricción y abórdalo. Investiga cuál es la causa principal de las limitaciones de tu empresa e intenta romperlas.

Sé lo suficientemente eficiente como para trabajar de forma inteligente y hacer todo lo que tienes por delante en un tiempo limitado. Además, procura estar siempre listo para dar *feedback* sobre rendimiento, recibirlo y aplicarlo. Esto te ayudará a crecer a ti y también a tu equipo.

Por último, jamás permitas que los pensamientos negativos se adueñen de ti.

«Si piensas que no eres capaz de hacer algo, tienes razón. Porque, creas lo que creas, será cierto».

—Henry Ford

Preguntas de autorreflexión

- ¿Amo lo que hago?

- ¿Cuáles son mis puntos fuertes? ¿Me estoy centrando en ellos?

- ¿Qué destrezas necesito desarrollar?

- ¿Sé qué es lo que me está impidiendo crecer?

- ¿Estoy listo para dar comentarios sobre rendimiento, recibirlos y aplicarlos de forma apreciativa?

Cómo transpirar

Tus aspiraciones no son suficientes para ser un líder inusual. También tienes que transpirar para lograr la excelencia y amar lo que haces. Los líderes que transpiran se esfuerzan en cambiar la cultura e integrar la innovación en el sistema.

Vamos a hablar de los cuatro elementos de este hábito y de algunas herramientas que pueden ayudarte a la hora de trabajarlos para amar lo que haces. Estas herramientas te servirán de guía para ser más efectivo, no solamente para conseguir tus objetivos sino también para ayudar a otros a conseguir los suyos, especialmente a las personas que estás liderando.

Encontrar y comprender el problema

El pensamiento crítico se usa para solucionar problemas complejos y tomar buenas decisiones. Se basa en entender una situación en profundidad y con precisión. A la hora de pensar de forma crítica, hablamos de analizar un problema real de tu empresa o, de forma más específica, del tipo de trabajo que quieres hacer y que te conecta con tu propósito. Esta técnica te permite identificar el problema real, analizarlo y evaluarlo a fondo antes de encontrar la manera de arreglarlo. Es más, el pensamiento crítico es la habilidad de analizar y evaluar tu propia forma de pensar. Por lo tanto, como cualquier otra habilidad, lleva tiempo y práctica conseguir que se te dé bien.

Necesitamos la imaginación para ver las relaciones entre los elementos, como un detective que busca patrones para solucionar un misterio. Del mismo modo que el arte refleja la percepción que tiene el artista de su entorno, el pensamiento crítico puede ayudarte a comprender cómo el pensamiento o las acciones de alguien reflejan cómo ve el mundo. Pensamos en todo momento, pero a menudo no examinamos de cerca cómo pensamos y cómo nuestro razonamiento nos afecta a nosotros y a los que nos rodean. El pensamiento crítico implica diseccionar el razonamiento y fijarnos en cómo está construido.

Del mismo modo que un arqueólogo, el pensamiento crítico busca indicios del razonamiento, desde la forma de escribir de alguien hasta su manera de hablar o actuar. Nos da la herramienta para desenterrar estas pistas y reconstruir el razonamiento del pensador. Cuando ya hayamos averiguado cómo está pensando alguien (por ejemplo, el cliente), entonces habrá llegado el momento de buscar la calidad en el razonamiento. Pero vayamos a una herramienta de pensamiento crítico en concreto para que veas cómo funciona.

● SIMPLEXITY THINKING

La primera herramienta que veremos es el método Simplexity Thinking, creado por Min Basadur, una persona muy querida por todo el equipo de Inusual. Esta metodología fue la primera que adoptamos nada más empezar a trabajar como empresa en 2014. Mi socio Dani Pàmies y yo fuimos a Canadá el verano de ese año y nos certificamos en todos los niveles. También llegamos a un acuerdo para representar este método en Europa, y la verdad es que ahora, viéndolo en perspectiva, fue todo un acierto. El método Simplexity Thinking puede aplicarse a distintos problemas estratégicos complejos para obtener resultados creativos e innovadores.

La idea de la simplicidad es clave para el pensamiento estratégico. En todas las partes del mundo hay simplicidad oculta en la complejidad, y complejidad oculta en la simplicidad. El mundo está lleno de simplicidad y complejidad entremezcladas; para comprenderlas solo hay que saber cómo separarlas. Cuando necesitemos un resultado creativo, ya sea un nuevo proceso o encuesta (o incluso un producto nuevo), tenemos que prestar atención a cuatro cosas: conocimiento, ideas, evaluación y acción.

Este es el Proceso Basadur de Simplexity Thinking. El proceso creativo cuenta, básicamente, con cuatro etapas. La primera es la etapa «Generar», que se basa en generar nuevos problemas y oportunidades que vale la pena solucionar. La segunda etapa es «Conceptualizar», donde defines bien el problema para saber qué es lo que estás intentando conseguir. La tercera etapa se denomina «Optimizar», donde obtienes una solución a esos problemas y oportunidades. Finalmente, la cuarta etapa es «Implementar», donde te asegurarás de implementar con éxito esa solución.

En este contexto, los distintos miembros de un equipo van a tener diferentes afinidades para cada etapa de ese proceso (lo que se denomina «estilo»). Así que en cada organización humana encontraremos a los Generadores, Conceptualizadores, Optimizadores e Implementadores. Estas personas están más acostumbradas a trabajar en una de las cuatro etapas. Esta herramienta puede usarse para comprender bien un problema, saber cuál es la situación y, finalmente, crear soluciones.

| Simplexity Thinking de Basadur

Asegúrate de que todos valoráis el estilo de los demás en este proceso para conseguir llegar al fondo de cada problema. Algunas personas prefieren la evaluación y otras valoran más la imaginación. Aun así, si se combinan ambas, pueden crear un nuevo proceso para encontrar un nuevo problema, donde podrán definirlo y solucionarlo mediante varias combinaciones de factores.

Estoy seguro de que esta herramienta puede ayudarte a pensar de forma crítica a la hora de encontrar un problema y, después, solucionarlo. Encontrar un problema implica también, de algún modo, al estado mental de nuestro razonamiento. La siguiente herramienta va a describir los seis estados mentales de razonamiento que pueden estar implicados en el proceso de identificación de un problema.

● LOS SEIS SOMBREROS PARA PENSAR

Los seis sombreros para pensar[6], de Edward de Bono, es una buena técnica que puede usarse en el proceso de toma de decisiones, además del proceso de razonamiento. Esta técnica puede ayudarte a pensar con eficacia y de forma organizada. Los seis sombreros para pensar vienen cada uno en un color distinto.

- El sombrero blanco solo considera la información disponible.

- El sombrero rojo se fija en la parte emocional, donde están implicados los pensamientos y la intuición.

- El sombrero negro se centra en la parte de evaluación, donde decides qué lógica vas a aplicar para identificar un problema.

- El sombrero amarillo reconoce si la lógica aplicada para solucionar un problema es la correspondiente.

- El sombrero verde escucha todas las ideas.

- El sombrero azul solo se fija en el pensamiento.

| *Seis sombreros para pensar*

Con la ayuda de esta estrategia de los seis sombreros, puedes analizar qué «sombrero» de pensar tienes puesto y, después, hacer lo necesario. Estos pensamientos pueden ayudarte a estructurar tu proceso de razonamiento hacia un objetivo claro. Si te centras más en tu proceso de razonamiento, podrás conocer más tus cualidades positivas, que es con lo que te ayudará la siguiente herramienta.

● EL MODELO DE INDAGACIÓN APRECIATIVA

David Cooperrider desarrolló el modelo de indagación apreciativa. Este modelo se centra en las cinco etapas para encontrar los puntos fuertes dentro de ti mismo y la empresa.

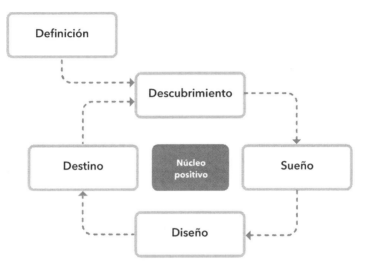

| Modelo de indagación apreciativa

Con la ayuda de esta herramienta puedes comprender, de forma sencilla y muy agradable, cuáles son tus características positivas. Cuanto mejor sea tu base positiva, mejor será la capacidad de tu organización para enfrentarse a un problema. Aun así, para solucionar un problema que se interpone entre ti y tu objetivo, también necesitarás una lluvia de ideas relacionadas con alcanzar tu objetivo.

● SCAMPER

Esta es la técnica SCAMPER[7] de Bob Eberle. Es una herramienta bastante sencilla para hacer lluvias de ideas. SCAMPER es el acrónimo de «Sustituir», «Combinar», «Adaptar», «Modificar», «Proponer otro uso», «Eliminar» y «Reemplazar».

1. Empezar

- Elegir un producto o servicio existente
- También puede ser la base de un futuro producto o servicio

2. Hacer preguntas

- Generar preguntas basadas en los 7 temas de SCAMPER
- Hazte las preguntas a ti mismo o a tu equipo

3. Respuestas

- Filtrar las respuestas en términos de «útil», «algo útil» o «no útil»
- Continuar con las ideas más viables y factibles

| *SCAMPER*

Mediante esta técnica o herramienta puedes hacer una lluvia de ideas del problema implicado en el proceso de conseguir tus objetivos. Entonces podrás definir el obstáculo real y centrarte en las soluciones en los siguientes pasos. Las respuestas que se te ocurran al final de aplicar la técnica SCAMPER serán las creativas, que después deberás volver a separar en útiles e inútiles. Entonces recopilarás todas las ideas viables y factibles, y las examinarás para extraer los remedios para el problema principal.

Crea una solución, piensa como un diseñador

El pensamiento de diseño[8] ayuda a las personas a explorar alternativas, con lo que crean opciones que no existían anteriormente. El pensamiento de diseño ha tenido mucha aceptación en los últimos años porque se centra en las necesidades del usuario, que parecía ser alguien olvidado en muchos procesos de desarrollo de productos y servicios. El pensamiento de diseño se basa en comprender el contexto y la cultura de todas las partes importantes implicadas. Se trata de un método para crear soluciones que puede generar unos resultados extraordinarios.

Mediante esta herramienta podrás diagnosticar el problema real y llegar hasta el fondo de la cuestión. Serás capaz de ser más creativo y conseguir soluciones mejores de forma más rápida. Advertirás que tus problemas se volverán más sencillos y resolubles con este método.

Si pensar está relacionado con la mente, entablar relaciones también. Existe una técnica específica para saber cómo piensa el usuario o cliente de nuestro proyecto, así como la forma que este tiene de entablar y desarrollar relaciones. Me refiero a los mapas de empatía.

● MAPA DE EMPATÍA

Se trata básicamente de un intento activo de comprender la perspectiva, la emoción y, en esencia, la realidad de otra persona. Somos animales sociales, y nuestra habilidad para comunicar y comprender los estados emocionales de los demás es clave para mantener nuestras relaciones. Nuestras habilidades para ver el mundo desde la perspectiva de los demás son una de las herramientas esenciales que debe haber en los recursos de nuestra empresa.

Una de las ventajas de aplicar la empatía[9] como herramienta, desde la perspectiva un líder inusual, es que puede aumentar la lealtad de tus colaboradores y las recomendaciones de tus usuarios o clientes. Gracias a este beneficio, tu proyecto experimentará un crecimiento remarcable. También aumentará tu productividad como líder y serás capaz de conseguir ideas más innovadoras y efectivas.

Te ayudará a eliminar los puntos débiles de tu plan de acción y revelará las necesidades de las que puede que no seas consciente. También te ayudará a comprender el comportamiento de otros a tu alrededor y te guiará hacia una innovación valiosa.

| Mapa de empatía

Los mapas de empatía son herramientas que te permiten crear un símbolo imaginario para las personas relacionadas en algún aspecto contigo. Denominaremos «personaje» a esta percepción imaginaria de alguien. Los personajes creados a partir de mapas de empatía tienden a ser fuentes de información más útiles y valiosas sobre las personas con las que trabajas. Así que, ¿cuál crees que va a ser la siguiente herramienta en este contexto?

● PERSONAJES

Crear personajes se centra en desarrollar empatía en tu equipo. Como líder inusual, tienes que trabajar con ambas herramientas para lograr una coherencia mutua entre tus seguidores.

Un personaje es un perfil[10] que representa a un grupo particular de personas, como clientes, usuarios, un segmento de mercado, un subconjunto de empleados o cualquier otro grupo de personas implicadas. Un personaje no es un arquetipo basado en la investigación. Y aunque los personajes sean ficticios, estos te ayudan a hacer que grupos de personas con servicios similares sean más comprensibles.

Normalmente, los personajes se utilizan para desafiar las definiciones existentes de segmentos de mercado en una organización. Intenta basar tus personajes en intereses similares, patrones de necesidades de los clientes más usuales, etc. En general, ten cuidado al usar estadísticas demográficas (como la edad, el género, los ingresos u otros datos fáciles de conseguir) para tus personajes.

Los datos demográficos a menudo llevan a estereotipos y no a ideas útiles sobre los usuarios. Netflix incluso afirma que los datos demográficos son basura a la hora de predecir las necesidades de los usuarios. Así que intenta usar a tus personajes como una oportunidad de liberarte de las formas actuales de segmentación de mercado y crea personajes basados en estudios, cosa que finalmente puede ayudarte a romper barreras y alejarte de los estereotipos.

Quizás te preguntes cómo pueden ayudar los personajes en una organización. Básicamente, tienes que pensar en tres cosas específicas. En primer lugar, los personajes pueden usarse para compartir los conocimientos y descubrimientos de estudios dentro de tu equipo, pero también pueden hacer las veces de idioma común para un equipo alineado e interdisciplinario, o para alinear a distintas organizaciones.

En segundo lugar, los personajes consiguen crear acuerdos. Ayudan a que todo el mundo se ponga de acuerdo respecto a una necesidad o un problema específicos dentro de un equipo o, incluso, fuera de él.

En tercer lugar, la empatía también forma parte de un personaje. Ayuda al equipo a estar todos en sintonía y a meterse en la piel de distintos grupos de clientes para comprender sus necesidades y comprobar cómo el trabajo de la empresa beneficia al cliente. Por ejemplo, algunas empresas incluso crean figuras de cartón a tamaño real de su personaje y las llevan consigo a las reuniones para incluir una perspectiva específica.

● ¿CÓMO PUEDES CREAR UN PERSONAJE?

Hay cinco pasos distintos.

- En primer lugar, define qué quieres averiguar sobre tus clientes, teniendo en cuenta sus objetivos y requisitos o expectativas.

- En segundo lugar, cuando averigües exactamente qué quiere tu cliente, ve y habla con él.

- En tercer lugar, aprovecha lo que ya sabes. Aunque es posible que no tengas suficiente información sobre tus clientes.

- En cuarto lugar, crea un borrador de tu personaje en un taller de ideación. También puedes incluir a tus clientes en este taller y así saldrás con un modelo mucho más rico.

- En quinto lugar, intenta traducir tu primer borrador en personajes ilustrados de forma profesional que puedas compartir, editar y seguir desarrollando. Recuerda que tu personaje es una guía para que sepas más y conozcas mejor a tus empleados o usuarios/clientes.

ELEMENTO 7

Ofrece valor: piensa de forma ágil

En términos técnicos, Agile es un grupo de métodos de desarrollo de *software* que emergen rápidamente, de forma iterativa y colaborativa, para crear mejores soluciones de negocio. Sus conceptos principales son el desarrollo iterativo, la gestión de riesgos y la transparencia. Aun así, Agile también es una nueva forma de pensar porque desafía a la mentalidad y cambia la forma de interactuar de las personas. Agile también es una nueva forma de trabajar en colaboración como equipo. Normalmente, cuando trabajas en la gestión de proyectos de modo tradicional, ves a personas que triunfan a nivel individual, cosa que puede ser maravillosa a corto plazo pero que no es adecuada para que en la empresa haya un buen estado de ánimo de forma sostenible. Por otro lado, cuando las personas de una empresa empiezan a compartir triunfos, verás que la organización se transformará en conjunto.

Para comprender incluso mejor qué es Agile, podemos consultar el Manifiesto Agile[11], siempre poniéndolo en contexto, puesto que en el momento que se escribió, hablaba solo de la relación de los desarrolladores de *software* con sus clientes. Fundamentalmente habla de cuatro principios clave:

1. Individuos e interacciones por encima de procesos y herramientas: las interacciones entre empleados y líderes acerca de procesos y *software* o herramientas son importantes. Las conversaciones mediante reuniones y correos electrónicos pueden ser útiles a la hora de lograr cambios en la empresa.

2. Enfoque en el *software* funcionando por encima de documentación exhaustiva: esto implica que te centras más en obtener resultados con demostraciones reales. Los líderes deberían dirigir a sus equipos para que den lo mejor de sí y centrarse más en progresar de una forma sostenida.

3. Colaboración con el cliente por encima de la negociación del contrato: si tu cliente no se queda satisfecho, eso significa que no forma parte del proceso. Y es el motivo por el que los líderes inusuales deben hacer que su equipo se centre más en la colaboración con el cliente, cosa que significa que comprendes lo que este quiere exactamente.

4. Respuesta a los cambios por encima de obediencia a un plan: la palabra *agile* (ágil en inglés) por sí misma significa la capacidad de responder ante un cambio. Por lo tanto, si estás trabajando en un equipo ágil, debes tener claro que una estrategia o plan solo son efectivos siempre que las circunstancias no cambien. Si las cosas cambian, debes tener la capacidad de adaptarte a ellas.

El pensamiento del método Agile no empieza en su manifiesto. Sus raíces se remontan muy atrás en la historia. Alrededor de 1965, Herbert Bennington empezó a escribir la primera guía de desarrollo de *software*. Más adelante, en 1970, el doctor Winston Royce escribió el primer artículo formal sobre la creación de *software* y lo publicó. Alrededor de los años ochenta empezaron a desarrollarse aplicaciones rápidamente. En 2000, estas personas se reunieron en Utah y decidieron darle a las metodologías de desarrollo de *software* un nombre específico, así que las bautizaron como Agile. Desde el 2000 hasta hoy en día el desarrollo de *software* ha pasado por una transformación espectacular, y en la actualidad comprende varias prácticas que pueden ser muy útiles en las empresas.

El pensamiento ágil es la capacidad de una organización para responder rápidamente a los cambios. Mejora el equilibrio y proporciona una sinergia de varios tipos de pensamiento. Combina empatía para el contexto de un problema, creatividad en la generación de ideas y soluciones, y racionalidad para analizar y aplicar soluciones.

Los directivos y líderes deben entender que un pensamiento ágil implica examinar el entorno, identificar los desafíos y crear un plan de acción e implementarlo. Piensa como el usuario y crea la necesidad basada en la percepción del usuario. El mundo está constantemente en un proceso de cambio rápido e impredecible. Por lo tanto, debemos ser ágiles en nuestra forma de pensar. Reflexiona sobre qué es lo que te hace seguir en el mismo camino y fuérzate a considerar si deberías cambiar de plan o no. Observa el problema con atención y tómate el tiempo necesario para analizar todas las soluciones posibles. Crea una lista de verificación para ti mismo para que te surjan pensamientos sobre las consecuencias y posibilidades a largo plazo, pero no pierdas el tiempo. Investiga y analiza a los competidores principales de tu empresa. Busca constantemente datos de primera mano al realizar tu estudio. Crea un perfil detallado de cada empresa y compártelos con tu equipo.

Las organizaciones deben aprender a reconocer el valor de la información externa, asimilada y aplicada con fines comerciales. Aplica la forma de pensar del «¿Y si...?» como, por ejemplo: «¿Qué pensarán nuestros clientes?», «¿Qué impacto tendrá esto en nuestros proveedores y distribuidores?» o «¿Hay algo que no nos hayamos planteado?». Amplía tus fuentes de datos para incluir datos externos a tu empresa o sector. Un método para implementar esto es analizar otros sectores para averiguar sus puntos fuertes y adaptarlos a tu empresa. Recuerda tomarte el tiempo necesario para aplicar el pensamiento crítico del que hemos hablado antes.

Los líderes y gestores deben tener tiempo y espacio para reflexionar. Las personas que carecen de reflexión carecen también de descubrimientos. El liderazgo está relacionado con el corazón y la mente. En el corazón es donde habita nuestra intuición y donde se halla la fuente de inspiración que nos guía a nuevas posibilidades, cosa que no encontraríamos mediante la lógica o la planificación. La mente es donde se hallan nuestros pensamientos y lógica racional. Lograr el equilibrio entre pensamientos y emociones es lo que hace a un buen líder. Equipa y capacita a tu gente, y exponlos a la realidad en cuanto estén listos. En esta era en la que el mundo se caracteriza por la velocidad, la complejidad, el riesgo, el cambio y la sorpresa, las organizaciones y los líderes deben ser firmes en su visión. Necesitan aumentar su nivel de claridad y deben conservar la agilidad. El pensamiento ágil crea líderes inusuales que pueden cambiar el mundo. Pero ¿cómo se empieza a trabajar de forma ágil? ¿Hay alguna metodología concreta? Veamos algunas herramientas que nos pueden ayudar en el proceso de pensar y actuar de forma ágil.

● SCRUM

Los proyectos complejos te pueden traer verdaderos quebraderos de cabeza. La organización del equipo, cambios de alcance del proyecto o roles que no están claros son algunos ejemplos de las complejidades que pueden surgir. Con la herramienta Scrum puedes cambiar todo esto. Scrum es un marco de referencia ágil que puede aplicarse a cualquier proyecto o desarrollo de proyecto.

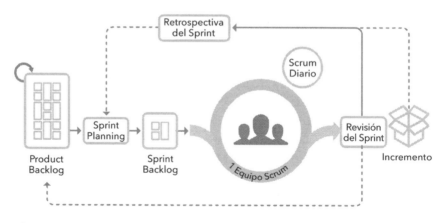

| Scrum

Con Scrum[12] puedes asegurarte de que el trabajo más importante se haya completado para cuando termine el proyecto. Intenta enfrentarte a tus proyectos con Scrum y mira los resultados que obtienes. Igual que Scrum te ayuda a reducir el desperdicio en los procesos, hay otra herramienta con el mismo propósito que se explica a continuación.

● KANBAN

Esta es una herramienta sencilla y muy potente que puede ayudar a empresarios y gestores de proyecto a estar bien organizados. *Kanban* es un término japonés que significa «panel», y así se llama la herramienta que desarrolló Toyota Motor Corporation. Con un panel Kanban bien planificado, todos los miembros del equipo podrán colaborar y estarán informados. También puede eliminar la necesidad del temido informe de estado semanal.

| Kanban

El panel Kanban[13] puede ayudar a los líderes inusuales a estar bien organizados. Con esta herramienta queda muy claro qué hay que producir, cuándo, quién y cómo. Imagina la paz mental que tendrás al aplicar esta herramienta.

● LEAN

Lean muchas veces se clasifica como otra herramienta de pensamiento ágil. Su propósito básico[14] también es minimizar el desperdicio y maximizar el valor de los clientes con menos recursos. De hecho, Lean y Agile, juntas, guían tu mentalidad a medida que buscas trabajar con nuevas herramientas para lograr mejores resultados.

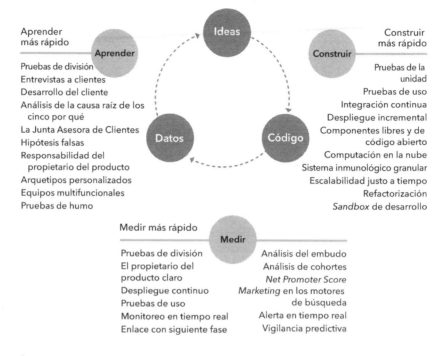

Aprender
más rápido

Aprender

Pruebas de división
Entrevistas a clientes
Desarrollo del cliente
Análisis de la causa raíz de los
cinco por qué
La Junta Asesora de Clientes
Hipótesis falsas
Responsabilidad del
propietario del producto
Arquetipos personalizados
Equipos multifuncionales
Pruebas de humo

Ideas

Datos

Código

Construir
más rápido

Construir

Pruebas de la
unidad
Pruebas de uso
Integración continua
Despliegue incremental
Componentes libres y de
código abierto
Computación en la nube
Sistema inmunológico granular
Escalabilidad justo a tiempo
Refactorización
Sandbox de desarrollo

Medir más rápido

Medir

Pruebas de división
El propietario del
producto claro
Despliegue continuo
Pruebas de uso
Monitoreo en tiempo real
Enlace con siguiente fase

Análisis del embudo
Análisis de cohortes
Net Promoter Score
Marketing en los motores
de búsqueda
Alerta en tiempo real
Vigilancia predictiva

| *Lean Startup*

Scrum y Kanban, que son métodos basados en conceptos de Lean y Agile, te guían en las prácticas concretas.
Una mentalidad basada en Lean te llevará a tener una visión más sistemática de cómo una organización entrega
valor. Así que, ¿no te entran ganas de empezar a aplicarlo en tu trabajo?

El beneficio: piensa como un emprendedor

La mentalidad emprendedora es pensar en los problemas desde una perspectiva fresca y enfocada en mejorar las cosas. También implica realizar un cambio tremendo en el *statu quo*. Conlleva redefinir el problema y conseguir llegar hasta el fondo de este. Imagínate que todas las personas de tu organización despertaran su mentalidad emprendedora para enfrentarse a los desafíos estratégicos y superarlos de manera constante. ¿Qué pasaría? Pues que lo imposible se convertiría en más que posible.

La mentalidad emprendedora se centra en tomar una idea y lograr un resultado. Aunque se trate de un enfoque muy simple, no es tan fácil. Hay algunas barreras entre esa idea y el resultado esperado. La primera es la barrera interna y mental de tu gente. ¿Creen en la idea? ¿Creen en sí mismos? ¿Tienen la mentalidad adecuada para adoptar esta idea y hacerla realidad? A la mayoría de las personas les falta confianza en sí mismas y no creen en la idea de empezar y acabar algo.

El segundo tipo de barreras son las externas, que principalmente comprenden los problemas de comunicación. Puede resultar difícil transmitir por completo una idea a cualquier compañero o directivo sénior que, además, pueda ser una parte implicada relevante. Las barreras externas también pueden incluir restricciones financieras, problemas legales y obstáculos políticos.

Y la tercera barrera puede ser la confianza en la propia idea. Puede que te plantees preguntas como: «¿Está bien pensada esta idea? ¿Es a prueba de balas?». El pensamiento emprendedor puede crear soluciones a estos problemas.

● EL EMPRENDEDOR DISCIPLINADO

Quiero recomendarte un libro llamado *La disciplina de emprender: 24 pasos para lanzar una startup exitosa*[15], de Bill Aulet, professor del MIT Sloan School of Management y director de The Martin Trust Center for MIT Entrepreneurship. Si bien ya conocía su trabajo desde hace años, hace poco tuve el placer de realizar su programa en el MIT y compartir experiencias con él durante el tiempo que estuve viviendo en Boston. Hablar con Bill siempre es estimulante: tiene una capacidad de visión estratégica muy interesante y un entusiasmo y generosidad que, además, se contagian. En menos de una hora nada más conocerlo, después de explicarle en método Inusual, ya nos ofreció acceso a todo su material académico en Dropbox para poder usarlo siempre que pudiera sernos útil.

Su libro está enfocado tanto a emprendedores que empiezan como a emprendedores corporativos que quieren crear productos innovadores y rentables.

Un emprendedor disciplinado tiene una visión sistémica de cómo lanzar una empresa emergente. Para ello, necesita una idea y un equipo. Las ideas pueden surgir de cualquier lado.

Bill dice que es poco probable que tu primera idea sea la mejor. Él señala que es más importante el proceso que la idea. Si sigues los 24 pasos que te propone en su libro, serás capaz de pulir esa idea que cambiará las cosas a tu alrededor. Creo que este libro puede ayudarte a dar rienda suelta a tu iniciativa empresarial añadiéndole una estructura que te puede conducir al éxito como emprendedor. Te lo recomiendo. Además, sus ilustraciones, creadas por Marius Ursache, que es también profesor del mismo programa en el MIT, son geniales y tienen un sentido del humor muy bueno.

| La disciplina de emprender: 24 pasos para lanzar una startup exitosa

● LIENZO DE DISEÑO DE LA PROPUESTA DE VALOR

Esta es una herramienta creada por Alexander Osterwalder, Yves Pigneur, Gregory Bernarda y Alan Smith que te ayudará a diseñar, probar y construir magníficas propuestas de valor para tus clientes. Es como si fuera una extensión del lienzo de modelo de negocio (que veremos más adelante, en este mismo capítulo). Esta herramienta se basa en dos elementos de tu modelo empresarial: el segmento de clientes para el que quieres crear valor y la propuesta de valor que crees que los atraerá. Con el lienzo de la propuesta de valor puedes plasmar y relacionar ambas cosas de una forma más ampliada y ver cómo encaja lo que ofreces con lo que los clientes quieren.

| Lienzo de la propuesta de valor

El lienzo de la propuesta de valor[16] destaca el hecho de que es importante saber quién es tu cliente, su estilo de vida y sus necesidades. Si no conoces a tus clientes, entonces seguro que los productos y servicios que ofreces no estarán bien alineados. Asegúrate de que el lado izquierdo del lienzo esté alineado con el derecho. Solo entonces sabrás que vas por el buen camino.

● LEAN STARTUP

Es el marco de referencia *de facto* que las empresas emergentes usan hoy en día para probar y desarrollar su negocio. El término *Lean* proviene del libro *El método Lean Startup*, escrito por Eric Ries. El libro se escribió principalmente para las empresas emergentes como un conjunto de indicaciones para avanzar hacia el éxito. Explica una forma de pensar que te permite mitigar los riesgos de seguir adelante a medida que avanzas en tu empresa emergente y aumenta la posibilidad de que encuentres una idea o prestación de más peso.

Debes saber que, cuando conviertes tu idea en un negocio, entras en un terreno desconocido, donde no puedes tener ninguna certeza de si vas a sobrevivir o no. Para saber si tu idea va a funcionar o no, antes tienes que probarla. Eric Ries dice en su libro que la única forma de que una idea pueda funcionar y ganar tracción es lograr «aprendizaje validado», es decir, conocimientos que sabemos que son ciertos porque ya los hemos puesto a prueba.

Por otro lado, se duda de que el aprendizaje en sí mismo sea verdad, dado que no está probado. La mejor forma de obtener ese aprendizaje validado es creando experimentos con producto mínimo viable. Estos experimentos son las versiones en miniatura de tu primer producto y sirven para ver cómo reaccionan los clientes. Cuando has terminado con el producto mínimo viable, o triunfas o fracasas: no hay término medio.

Por lo tanto, Lean Startup corta todas aquellas cosas innecesarias del proceso, dado que es una forma de minimizar el esfuerzo, los recursos y el tiempo que implica averiguar si, para empezar, tu producto debería crearse o no. Así que deja de crear cosas que no sabes si la gente va a querer. Lean Startup puede ayudar a las empresas a crear orden en vez de caos al ofrecerles herramientas para poner constantemente a prueba su visión.

Veamos ahora las herramientas que pueden ayudarte cuando despiertes tu mentalidad emprendedora y empieces a ponerla en práctica.

● LIENZO DE MODELO DE NEGOCIO

En lo referente a la mentalidad emprendedora, hablamos de generar ideas, encontrar los problemas y crear sus soluciones. Por lo tanto, en este contexto, el lienzo de modelo de negocio[17] puede usarse como herramienta para definir y comunicar una idea empresarial fácilmente.

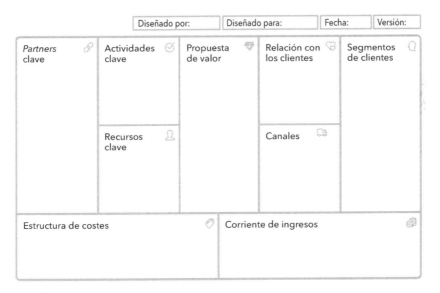

| Lienzo de modelo de negocio

Este modelo, creado también por Alexander Osterwalder e Yves Pigneur, te permitirá tener una perspectiva clara de lo que implica tu idea. También te ayudará a entender bien tu empresa, de modo que te parezca fácil convertir tus ideas en acciones, y a tener una idea clara de cómo será tu empresa en un futuro. Usarlo te permitirá examinar las decisiones de los clientes que influyen en el uso de tus sistemas.

Aun así, para comprender la decisión de tus clientes, antes tendrás que estudiarlos a ellos. En otras palabras, tienes que comprender sus exigencias y requisitos. ¿No te será más fácil descubrir tu mercado o tu nicho antes para después pasar a analizar qué quieren tus clientes? La herramienta siguiente sobre desarrollo de clientes te permitirá encontrar el mercado adecuado para tu idea.

● DESARROLLO DE CLIENTES

El desarrollo de clientes[18] creado por Steve Blank puede ayudar a una empresa a ser enormemente eficaz y estar altamente concentrada en los recursos y capital. Y lo que es más importante: te ayudará a descubrir el mercado perfecto para implementar tu idea, además de permitirte encontrar tracción en el mercado adecuado.

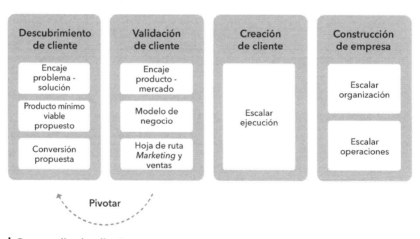

Descubrimiento de cliente	Validación de cliente	Creación de cliente	Construcción de empresa
Encaje problema - solución	Encaje producto - mercado	Escalar ejecución	Escalar organización
Producto mínimo viable propuesto	Modelo de negocio		Escalar operaciones
Conversión propuesta	Hoja de ruta *Marketing* y ventas		

Pivotar

| *Desarrollo de clientes*

En cuanto actives el botón de la mentalidad emprendedora, estas herramientas te ayudarán a que tu idea
progrese y a que finalmente seas capaz de alcanzar tu
objetivo deseado.

Actividad

○ Encuentra formas de poder usar cada metodología.

○ Enumera maneras en las que puedas aprovechar los
modelos estudiando la información proporcionada
anteriormente.

○ Crea un gráfico con una línea temporal y fíjate en
lo rápido que estos modelos mejoran tu situación
profesional.

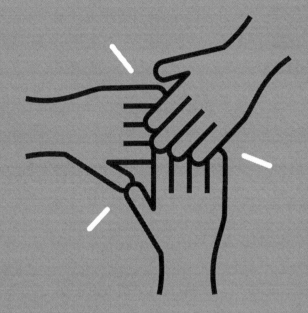

CONSPIRA

Comparte lo mejor

9. Claridad

11. Urgencia

10. Cuidado

12. Tenacidad

CONSPIRA
Comparte lo mejor

«Tu felicidad y éxito solo se te perdonarán si consientes compartirlos generosamente».

—Albert Camus

En el anterior capítulo hemos comentado formas de desarrollar unas destrezas para ser más productivos e influyentes en nuestros lugares de trabajo. Hemos hablado de que deberíamos centrarnos más en nuestros puntos fuertes en vez de en nuestras debilidades. Debemos abolir las limitaciones que nos impiden brillar en el mundo corporativo.

Conspirar (en positivo, claro) significa, literalmente, trabajar juntos para cambiar algo. Este capítulo se va a centrar en cómo un líder puede aportar un cambio positivo en su lugar de trabajo al compartir lo mejor que tiene.

● ¿CÓMO ES UN LÍDER EFECTIVO?

Los buenos líderes necesitan desarrollar la habilidad de aceptar desafíos y situaciones impredecibles. La innovación es la clave para el éxito en las organizaciones para los líderes, ya que les permite anticiparse con eficacia a situaciones inciertas e impredecibles.

Un líder efectivo no suele inquietarse fácilmente en situaciones duras o frustrarse en el trabajo, sino que actúa de forma tranquila y desarrolla estrategias que le permiten abordar todo tipo de circunstancias.

● GÁNATE LA CONFIANZA DE LOS DEMÁS

La confianza es la mejor base que puede tener cualquier equipo. Si en un equipo hay una confianza constante, podrán lograrse mejores resultados. De lo contrario, sin la presencia de confianza en una organización, las cosas pueden ir mal y los resultados pueden ser peores de lo esperado. El éxito en una organización nunca depende de una sola persona.

Según Jennifer McClure, presidenta de la consultoría de liderazgo Unbridled Talent: «Las personas harán lo imposible por sus compañeros de trabajo si confían en ellos». Hay una imperiosa necesidad de desarrollar confianza dentro de un equipo para lograr sus objetivos.

Un líder inusual debe seguir ciertas reglas. Esto también es útil a la hora de ganarse la confianza de sus colaboradores o compañeros. Algunas de estas normas se mencionan a continuación.

● DA COMENTARIOS SOBRE EL RENDIMIENTO DE TUS COLABORADORES DE FORMA FRECUENTE

Una de las mejores tácticas para crear relaciones sanas con tus compañeros es ofrecerles comentarios útiles sobre su trabajo. Sus esfuerzos merecen la atención y la opinión de sus colaboradores. Deben recibir elogios por sus aportaciones pero, si no han dado lo mejor de sí, también hay que decírselo para animarlos a hacerlo mejor la próxima vez. Estos comentarios pueden darse en el contexto de reuniones semanales o quincenales para asegurarse de que el equipo sigue desarrollándose según lo previsto.

● EVITA LOS CHISMORREOS

Los chismorreos en la oficina pueden ser muy tóxicos. Es muy fácil decirle a cualquiera que evite los cotilleos en la oficina, pero lograrlo ya es más complicado. A veces, es muy difícil no escuchar conversaciones de personas que están charlando sobre otros. «Con los chismorreos ni siquiera te ganas la confianza de tu interlocutor, porque entonces el otro tendrá miedo de que también lo critiques después a él», explica la *coach* ejecutiva Libby Gill. Es mejor solucionar los problemas laborales hablando directamente con las personas implicadas. De lo contrario, se crea una toxicidad que impregna la cultura y acaba por afectar a toda la organización.

● COMPARTE INFORMACIÓN

Los líderes inusuales comparten información con sus equipos de manera frecuente y constante. Por ejemplo, pongamos por caso que un líder ha asistido recientemente a un buen seminario que le ha formado en habilidades de dirección y cómo conseguir resultados para que la empresa prospere. Si es un líder inusual, en ese caso, en lugar de quedarse con toda esta información para él solo, la compartirá con ellos por si este contenido puede ayudarles. No comparte lo que le sobra, comparte lo mejor que tiene. Hacer esto le acerca al equipo porque, aunque podría quedárselo, opta por abrirlo a los demás pensando en el crecimiento del equipo.

● CONFÍA EN LOS DEMÁS

Estés en la posición en la que estés, seas director o líder de un equipo, deberías confiar en tus colaboradores. Si tú les demuestras confianza, es posible que ellos también acaben confiando en ti. Si les asignas una tarea, confía en que serán capaces de llevarla a cabo. Evita controlarlos al milímetro (*micromanagement*), porque perderás esa confianza que necesitas. Si tienes la confianza de tu equipo, podrás interactuar personalmente con cada miembro y conocer lo que les preocupa, lo que piensan sobre la situación y lo que se les ocurre, cuestiones que quizás de otro modo no hubieras sabido. Los líderes inusuales lo son también porque sus equipos confían en ellos.

● APRECIA EL TRABAJO DE TU EQUIPO

Según McClure, las personas confían en los líderes que los hacen sentir valorados. Si estás gestionando un equipo y tienes a varias personas a tu cargo, deberías marcarte el hábito de mostrarles tu apreciación elogiándoles cuando lo merezcan y ofreciéndoles críticas constructivas cuando sea necesario. Esto les ayudará a aprender de sus errores. La apreciación siempre anima y motiva a los colaboradores. Cuanto más los motives desde la autenticidad, más se esforzarán en trabajar duramente.

Otra cosa que puedes probar es preguntarles a ellos qué podríais hacer entre todos para mejorar una situación. Así es como conseguirás ganarte la confianza de tus colaboradores, además de mejorar las relaciones dentro de la empresa y empezar a crear una cultura innovadora.

● ESTABILIDAD

Según Marcelle Yeager, presidenta de la empresa de *coaching* profesional Career Valet: «Tus compañeros deben confiar en que no solo harás un gran trabajo hoy, sino que ofrecerás resultados mañana». Está claro que los conflictos suceden y las personas tenemos altibajos emocionales, pero a veces eso puede romper la estabilidad del equipo. Un líder inusual vela para que el ambiente de trabajo sea lo más estable y armónico posible, siempre sin dejar de afrontar la realidad. Si existe un problema hay que solucionarlo; de lo contrario, esa falsa estabilidad sería aún más perjudicial.

● COMUNICACIÓN NO VERBAL

El lenguaje corporal de los líderes, y de cualquier otra persona, representa el 80 % de lo que decimos. Es una de las cosas que más importan y mejor entienden nuestros colaboradores. Un líder debería actuar y comportarse de forma amable con sus empleados no solo de palabra, sino de forma integral. Si un líder, por ejemplo, escucha con los brazos cruzados, esto indica que no está muy receptivo a lo que le están diciendo. Como resultado, los colaboradores evitarán hacerle consultas.

● UNA ACTITUD ACOGEDORA

Un líder siempre debe mostrarse acogedor con los nuevos colaboradores para hacer que se sientan cómodos en el ambiente de la empresa desde el primer día. El proceso de incorporación dentro de cualquier organización es uno de los momentos más importantes para el líder de un equipo, porque es el único factor que cuenta con un efecto directo en la tasa de retención de personal. Las empresas que ofrecen una cálida bienvenida a sus empleados pueden reducir la rotación de personal y aumentar su implicación. Es recomendable realizar una presentación completa a todo el equipo de cada empleado recién contratado.

● QUE TE VEAN COMO UN PUNTAL DE APOYO

Sé alguien con quien todas las personas de tu organización se sientan cómodas. De esta forma, aumentarás tu valor como puntal sobre el que tus compañeros se apoyan cuando realmente lo necesitan. Las empresas sueñan con contratar a este tipo de candidatos. Es necesario mostrar al resto de tu organización que eres una persona de fiar; de este modo podrás ganarte fácilmente la confianza de tus compañeros y superiores.

Estas son las formas en las que puedes ganarte la confianza de tus compañeros. ¿Qué pasa si hay una completa ausencia de confianza en una organización? Una empresa de la lista Fortune 500 pasó por todo el proceso de intentar realizar cambios en la empresa: a lo que tuvieron que dedicar más tiempo fue a lograr crear un ambiente de confianza. Les llevó casi 89 semanas conseguir aplicar ese. Sin embargo, no advirtieron que, de esas 89 semanas, necesitaron 39 únicamente para solucionar los problemas de confianza dentro de la organización. En empresas en las que no hay confianza, las personas son poco fiables, poco fieles e inconstantes. Además, hay una tremenda falta de comunicación entre los directivos y la plantilla. Hay un alto nivel de estrés y el ambiente es desagradable para los trabajadores.

En el nuevo barómetro de confianza de Edelman[1] (una encuesta de treinta y tres mil personas en 28 países) se demostró que uno de cada tres empleados no confía en su empresa. La encuesta también identificó que el problema de confianza se producía entre los altos directivos y se transmitía a los gerentes de nivel medio. Así que la empresa tenía empleados que no confiaban en su director ejecutivo y altos directivos. Esto implicaba que, cuanto más se subía por la escalera jerárquica, menos confianza se tenía de los empleados. La confianza siempre empieza por los líderes, porque son ellos quienes tienen que desarrollarla primero.

● SÉ UNA PERSONA CREÍBLE Y HUMANA AL 100 %

Los líderes deberían saber que ganar credibilidad es un aspecto vital para determinar el éxito a largo plazo.

La credibilidad lo es todo en el mundo empresarial. Los mánagers deben ser cuidadosos y centrarse más en su rendimiento porque, en cualquier punto, su eficiencia para trabajar está siendo evaluada. Como lo más importante es la credibilidad, los líderes deben asegurarse de que hay integridad en su equipo para lograr que sea más fiable, influyente, arriesgado y capacitado. En una palabra, para que sea más inusual.

¿De qué depende la credibilidad de un líder o un equipo? Cuando un equipo genera un resultado positivo, entonces hay una seguridad de crecimiento en el futuro. Unos resultados más fuertes también propician una disminución de los conflictos, un desarrollo de la confianza, una mejor reputación y un aumento de la seguridad en las propias capacidades. Cuando la tasa de resultados negativos disminuye, el equipo estará, en consecuencia, preparado para trabajar más duramente y de una forma más eficiente la próxima ocasión.

Un líder formula la visión y, después, la comparte con el equipo que, a su vez, lo respalda para alcanzar el objetivo. En otras palabras, la visión cobra vida.

Un equipo que colabora unido en un propósito es capaz de generar resultados positivos. La credibilidad, por lo tanto, puede asegurarse al implicar a todo el equipo y a los miembros de la organización en ciertos momentos de toma de decisiones. El proceso de solucionar problemas también ayuda a la causa. Y, por lo contrario, no implicar a directivos clave en el fenómeno de hacer que una visión cobre vida puede resultar dañino para la credibilidad del equipo, ya que creará desmotivación y una falta de confianza generalizada.

Los miembros de un equipo están directamente conectados con la integridad, que es ser fiel y sincero con uno mismo y con los valores propios. Los equipos influyentes que dejan huella nunca se implican en politiqueos de la empresa ni emplean métodos ilegales para conseguir su objetivo. Esto implica comportamientos éticos, sentimientos de honestidad y actuar según las reglas. Aun así, el equipo debe comprender que, además de haber logrado alcanzar su posición a través de medios lícitos, no debe dormirse en los laureles.

● RESPETA LOS HECHOS, PERO MUESTRA LA VISIÓN

Según Kelly Hannum de CCL, coautora de *Leading Across Differences: Cases and Perspectives* [Liderar a través de las diferencias: Casos y perspectivas]: «Un desafío clave para los líderes es ayudar a establecer y alimentar una relación de respeto entre muchos grupos distintos». Un estudio llevado a cabo por CCL descubrió que los líderes que tratan a sus equipos con respeto cada día trabajan de forma más eficiente, sin tensiones ni conflictos. Hannum también afirma lo siguiente: «En el trabajo y en nuestras comunidades, a menudo nos enfrentamos a las incertidumbres o tensiones debidas a nuestras diferencias». Con solo saber cómo tratar las disputas que puedan surgir, ya seremos capaces de trabajar de una forma más competente.

La misma autora explica también por qué ser respetuosos se considera una responsabilidad esencial para todos los líderes: «Tratar a las personas con respeto parece algo obvio, pero no es algo tan intuitivo como puede pensarse». Según ella, hay tres factores clave que especifican qué significa el respeto.

1. Escuchar activamente

Ser alguien que sabe escuchar demuestra que respetas lo que la otra persona está diciendo. Para un líder, este atributo de saber escuchar activamente es uno de los más importantes. Esto demuestra que un líder está interesado en oír las sugerencias de los miembros de su equipo. Un líder no siempre tiene que mostrarse de acuerdo con cada cosa que le dicen: debe escuchar y, después, evaluar. Muestras respeto hacia los demás cuando escuchas sus ideas, percepciones y experiencias, incluso aunque no actúes en consecuencia al final.

2. Mostrar respeto

El respeto no solo se da, sino que también se recibe. Se transmite entre culturas, compañeros y relaciones sociales. Por lo tanto, los líderes deben entender por completo cómo pueden mostrarse respeto unos a otros. Hannum dice: «Puede que no tengas que realizar enormes cambios en tu comportamiento para ser más efectivo. Con solo comprender lo que los demás esperan de ti y reconocerlo como algo válido ya marcarás una diferencia».

Hannum ha especificado varias formas en las que los líderes pueden promover y crear un ambiente de respeto:

* Muestra interés en escuchar las ideas y experiencias de los demás para valorarlas.

* Reconoce e identifica sus habilidades y conocimientos, y muéstrate siempre agradecido por sus esfuerzos en el equipo.

* Comunícate de forma abierta. Los líderes siempre deben mostrarse abiertos sobre compartir información importante y hacer que circule por el equipo, para que todo el mundo trabaje para la misma causa.

- Sé justo en tus valoraciones y procura tomar siempre las decisiones correctas. Si corresponde, explica a tu equipo estas decisiones en el momento adecuado y deja que te den también su opinión si creen que hay algo que no está bien.

- No ignores nunca las preocupaciones de los miembros de tu equipo. Siempre significan algo. Tenlas en cuenta lo antes posible e intenta abordar y solucionar lo que les preocupa tanto como te sea posible.

- No dudes nunca a la hora de pedir disculpas y muestra una actitud humilde al aceptar las disculpas de los demás.

Por lo tanto, el respeto significa prestar atención a las personas y sus preocupaciones. «Adoptamos hábitos y asumimos cosas que, si no los vigilamos, pueden llevarnos a malentendidos y comportamientos inefectivos», explica Hannum.

● SÉ PACIENTE Y PERSEVERANTE

Sabemos que nada en este mundo puede lograrse sin paciencia y perseverancia. La paciencia hace referencia a quedarse quieto y estar listo para enfrentarse a las próximas adversidades que traerán sufrimiento. Por otro lado, la persistencia implica no rendirse nunca y no ceder terreno, luchando hasta el final.

Las personas a quienes les faltan los atributos de la paciencia y la persistencia quieren llegar a la cima rápido, sin ningún sacrificio. Hay otros tipos de personas que ni siquiera lucharían para alcanzar sus objetivos y que rápidamente se rendirían ante las circunstancias, conformándose con la derrota.

Vemos un ejemplo de esto en la historia de Thomas Edison, científico e inventor, quien vio cómo su laboratorio entero ardía en llamas.

> En 1914 hubo un incendio en su laboratorio y su carísimo material y maquinaria acabaron convertidos en cenizas. Cuando su hijo, Charles, se enteró de que el laboratorio de su padre había quedado en ruinas, salió corriendo a su encuentro. Edison le dijo a su hijo que fuera a buscar a su madre para que pudieran ver el fuego.

> Tras analizar este fracaso, con gran determinación, el científico de 67 años dijo: «¡¿Y qué beneficio hay en la destrucción?! Pues que, gracias a Dios, ¡todos nuestros errores han quedado reducidos a cenizas! ¡Ahora podemos empezar de cero, ¡con algo completamente nuevo!».

Esta anécdota se centra en que uno debe levantarse tras los errores, con entusiasmo, para volver a brillar. Edison se mostró paciente y perseverante durante la destrucción de los logros de toda su vida. Gracias a su paciencia, encontró en sí mismo la valentía para volver a empezar de nuevo y enmendar sus errores. Esta historia contiene la esencia de la verdad: el éxito solo se logra tras pasar por adversidades y sufrimiento. Aquellos que no tienen miedo a ir en la dirección opuesta al viento son aquellos que pueden lograr el éxito en sus vidas.

La historia de las ruinas de Edison también nos explica que deberíamos estar listos para recibir nuestros fallos con los brazos abiertos. Siempre depende de cómo puedes convertir las situaciones negativas en positivas, y de cómo puedes convertir tus decepciones en oportunidades. Es, de hecho, cierto que cada fallo te acerca un poco más al camino del éxito. Cada fallo tiende a eliminar obstáculos de tu camino, cosa que finalmente te lleva al éxito. Los fracasos te dan lecciones para aprender de tus errores.

Sigue intentándolo y nunca pierdas la esperanza, incluso cuando te enfrentes a tu fracaso. Como dijo Confucio: «Nuestra mayor gloria no es no caer nunca, sino levantarnos cada vez que caemos». Así que muéstrate agradecido cuando tengas que enfrentarte a tus fallos: con cada uno estarás un paso más cerca del éxito.

● HAZ PREGUNTAS DIFÍCILES

Los atajos a menudo resultan ser fatales. Cuando los tomas, podrías estar teniendo una confianza ciega en ti mismo y, como resultado, ignorar los detalles sutiles en los que tendrías que centrarte. Antes de que un líder asigne una tarea a su equipo, esta debería analizarse adecuadamente.

Hacer preguntas más potentes y difíciles es esencial para los líderes. Con estas preguntas, los líderes se arman de recursos para facilitar los prejuicios de su validación. Haciendo preguntas, un líder puede ser capaz de sumergirse más profundamente en las situaciones, ya sea a solas o con el equipo.

Daniel Kahneman, economista conductual y ganador de un premio Nobel, fue la primera persona en destacar estos prejuicios. «El sesgo de confirmación se produce cuando tienes una interpretación, la adoptas, y entonces recorres el camino inverso para que todo encaje a la fuerza en esa interpretación», explicó.

Los sesgos o prejuicios pueden acabar resultando devastadores para los líderes. Pueden afectar negativamente a su capacidad para tomar decisiones y hacerlos ignorantes de la realidad. Hacer preguntas, aunque sean difíciles o incómodas, sirve para asegurarse de que las cosas van según lo planeado.

Las preguntas difíciles invocan a la transparencia. Al hacer preguntas tienes una idea más clara de qué hay que hacer. Las preguntas más potentes son las abiertas. Implican cuestiones como qué preguntar, cuándo preguntar y cómo preguntar. Las preguntas difíciles surgen de una mentalidad de principiante, son aquellas que un niño podría hacer sin dudar. Son duras, pero concisas. Aunque puede que te cueste hacer preguntas complicadas, tienes que dar un paso adelante, hacer tu trabajo y formularlas.

Además, las preguntas difíciles son más efectivas por naturaleza. No es necesario bombardear al receptor de estas potentes preguntas de una sola vez. De hecho, en media hora puedes incluso limitarte a hacer dos preguntas que deban ser importantes. Las preguntas difíciles surgen de la nada. Puede que salgan en medio de una conversación intensa. A menudo no las planeas. Por otro lado, parece que las preguntas que ya tienes planeadas no funcionan nunca. Por lo tanto, es necesario estar presente en el momento.

Como las preguntas potentes se hacen sin planificación, no hay un método o técnica fijos para hacerlas. Estas preguntas a menudo son consecuencia de la curiosidad. El mejor ejemplo de curiosidad puede verse en un niño de 3 años. Intenta pasar una hora con él y te bombardeará con un aluvión de preguntas. Los niños quieren entender todas y cada una de las cosas que pasan a su alrededor. Su nivel de curiosidad es muchísimo más alto que el de los adultos. Quieren saber más, ya que no quieren limitarse a las expectativas de la sociedad.

Aun así, con la edad limitamos nuestro nivel de interés por lo desconocido porque creemos que hay ciertas preguntas que no deben hacerse. Pensamos que no es necesario preguntar cualquier cosa que nos pase por la cabeza. Y esto ahoga toda nuestra curiosidad cuando somos adultos. Nos convierte en seres humanos más superficiales, que se desapegan de cualquier cosa que sucede a nuestro alrededor, sin mostrar ningún interés. Dejemos que nuestro yo de 3 años asome la cabeza de vez en cuando y vuelva a despertar nuestro instinto curioso. No dejes que ese niño muera en tu interior.

● ENFRENTARSE A LA INCERTIDUMBRE

¿Qué es la incertidumbre para una organización? Es el desconocimiento de lo que va a pasar en el futuro debido a los cambios constantes que suceden de forma incesante dentro y fuera de la organización. Las empresas preparadas para el cambio crean retos de innovación e iniciativas constantes y sistemáticas, sin importar que las circunstancias sean más o menos apremiantes. Los líderes deben saber cómo gestionar correctamente el cambio y la incertidumbre dentro de una organización. Deben conectar con sus colaboradores en un entorno positivo; lograr que formen parte de la solución ante los problemas a los que se enfrenta la empresa en vez de acusarlos de formar parte de la causa del problema persistente.

Algunos líderes tienden a esconderse tras las situaciones inciertas, como si intentaran proteger su puesto, en vez de salir de sus despachos y dirigir al equipo para afrontar el problema. Estas situaciones son la causa principal del politiqueo en una oficina. También hacen que los empleados pierdan confianza en el liderazgo, cosa que influye en su capacidad para dar lo mejor de sí mismos.

A continuación tienes algunas de las formas a través de las cuales puedes aprender a gestionar ciertas situaciones en tu organización para ganarte la confianza de tu equipo.

- La sinceridad y la coherencia son los dos factores principales implicados en el desarrollo de la confianza de tus colaboradores. Puedes ser un refugio para tus compañeros de trabajo, permitiéndoles compartir contigo sus cuestiones profesionales. Aunque seas una persona a la que es fácil abordar, intenta ser siempre constante en tu enfoque. Como líder, sé sincero y hazles saber lo que tienen que conocer desde su posición. Aun así, de vez en cuando tendrás que morderte la lengua. Sé sincero al ayudar a tus colaboradores cuando te necesiten. Y lo que es más importante, sé coherente al poner en práctica tus límites.

- Debes acordar reuniones para dejar claro cuál debe ser el rendimiento de cada miembro de tu equipo. En tiempos de incertidumbre, los líderes deben reunirse con cada miembro del equipo de forma individual y solucionar sus problemas correctamente. Estas reuniones pueden ayudar a rebajar el caos y a estrechar los lazos de las personas para solucionar los problemas de la situación incierta.

- Presta atención a cada actividad que hay en marcha, no solo en tu área, sino también en las demás. Escucha lo que se dice sobre ti, sobre tu equipo y sobre cómo estás enfrentándote a esa situación incierta. Toma nota de todos los posibles incidentes y empieza a analizar la situación para ver cómo neutralizar las críticas y aprovecharlas para mejorar tu equipo.

- Comunica lo que has aprendido a partir de situaciones específicas con tu equipo. Comparte tus experiencias con ellos independientemente de esas reuniones formales. Esto te permitirá medir la madurez de tus colaboradores más adelante, mostrando su capacidad para enfrentarse a la incerteza en distintos niveles.

- Por último, la forma en la que revelas tu presencia ejecutiva o profesional dentro de la organización depende de ti. Se muestra en la forma en la que gestionas las situaciones inciertas. Se ve en cómo gestionas los problemas de la empresa y el tipo de críticas que recibes. Es una de las mejores oportunidades que tienes para causar la percepción de ser un buen líder. Muestra siempre tu interés por cada preocupación, ya sea en relación con la empresa o las personas que trabajan en ella. No retrocedas ante una situación incierta ni te ocultes solo para salvar tu carrera profesional. Presta siempre muchísima atención cuando tu equipo te hable de sus preocupaciones. Es eso lo que ellos van a ver de tu calidad humana.

Un líder jamás será capaz de hacer frente con éxito a las situaciones inciertas por sí mismo. Siempre necesitará a su equipo, con el que podrá colaborar para superar situaciones desfavorables.

● GESTIÓN DE LAS SITUACIONES AMBIGUAS

La forma en la que gestionas las situaciones ambiguas en el trabajo puede acabar resultando ser la clave de tu éxito. Puede ayudarte a demostrar tu capacidad y fuerza para enfrentarte a las peores situaciones imaginables mientras trabajas en un puesto concreto en una empresa. Cuanto más elevado sea tu puesto, más posibilidades habrá de que te enteres de las novedades por boca de otros. Ahora bien: este es el punto en el que tu capacidad para gestionar las situaciones ambiguas tiene que ponerse a prueba. Puedes gestionar la ambigüedad si eres lo suficientemente capaz de tomar decisiones basándote en los datos que ya tienes. Tú eres quien tiene que juzgar la veracidad de esa información. Debes tener la fuerza para adaptarte a los riesgos y situaciones impredecibles. Lo que es más, debes ser lo suficientemente flexible como para aceptar la evolución y adaptarte a ella.

Cómo conspirar

Utilizaremos la palabra conspirar (en su registro positivo) como «compartir lo mejor que tienes con la gente que te rodea y en el trabajo que haces». Los líderes inusuales conspiran contra el *statu quo* y la situación presente dando lo mejor de sí mismos. Como ya hemos dicho, los líderes que conspiran siempre intentan compartir lo mejor de sí mismos con los demás y nunca dudan en comunicar sus ideas para ayudar a los que los rodean a tener un mejor rendimiento.

Veamos algunas de las herramientas que pueden serte útiles si quieres desarrollar el hábito de conspirar.

Simplifica la visión: claridad

El problema al que normalmente nos enfrentamos es que nuestra visión y nuestro objetivo son demasiado grandes y confusos como para conseguirlos, de tal forma que nos complicamos demasiado las cosas.

No obstante, puedes simplificar tu visión dividiéndola en objetivos más pequeños. A continuación, deberías asegurarte de que tus objetivos o visiones son medibles. Márcate una fecha en la que quieras haber conseguido tu visión.

Actúa teniendo en cuenta esa fecha, de modo que tu objetivo sea medible. Asegúrate de programar todas las acciones necesarias. Puedes conseguir tus objetivos con el impulso específico de tu plan.

Puede que ya hayas oído que cualquier emprendedor necesita rodearse de un grupo de personas en una situación parecida. Este grupo le ofrecerá apoyo, ánimo y una mentalidad similar para ayudarle a solucionar cualquier situación. También necesitan asesores (o *coaches*) que puedan ayudarles a dirigir su negocio y estar a la altura de su potencial. Además, necesitan un sistema efectivo que les permita centrarse en algunos de los componentes más esenciales de sus empresas y, de este modo, lograr alcanzar su visión.

Escribir una lista con todos tus pensamientos e ideas, deseos y visiones en un papel es también un buen recurso. Te ayudará a simplificar tu lista de objetivos y visiones en objetivos secundarios que te serán más fáciles de conseguir. Como resultado, esto debería aportarte la claridad suficiente sobre qué quieres conseguir y, además, te permitirá solucionar más problemas.

Tienes que conseguir que tus objetivos sean inteligentes: específicos, medibles, alcanzables, realistas y con fecha límite. (Estos atributos también se conocen como objetivos SMART, el acrónimo en inglés de «Specific», «Measurable», «Attainable», «Realistic» y «Time-based».)

Ya hemos comentado esto en uno de los capítulos anteriores del libro. Formula primero tu objetivo. También puedes simplificar tus visiones escribiendo o redactando una lista de todos los obstáculos que te impiden lograr tu objetivo. Anótalos y analízalos. Al hacerlo, tu mente puede descargarse un poco y tener más espacio para pensar en otras cosas, con lo que podrás dar un paso atrás para ver una perspectiva completa de la situación. Entre los obstáculos que impiden que tu visión cobre vida puedes incluir aquellos malos hábitos de los que todavía no has podido deshacerte (aunque lo hayas intentado). La mejor forma de liberarte de todos esos malos hábitos es desarrollar otros que sean sanos y útiles.

A continuación tienes las herramientas que pueden ayudarte a conspirar con claridad.

● SALUD ORGANIZACIONAL

Esta es una herramienta de Patrick Lencioni que te ayudará a lograr que tu organización funcione de forma efectiva. Te será útil para formar un equipo directivo cohesionado, aportar claridad entre los líderes, comunicar esa claridad a todas las personas dentro de la organización y construir una estructura que refuerce esa claridad.

| *Salud organizacional*

Un líder inusual sabe cómo trabajar en la salud organizacional. Esto se debe a que es capaz de hacer más trabajo en menos tiempo, sin perder a sus mejores empleados. Estos líderes identifican los problemas de antemano e intentan solucionarlos de forma efectiva en el menor tiempo posible. Así que, ¿por qué estos líderes inusuales son más influyentes, inspiradores e innovadores que otros? La respuesta a esto se explica en la siguiente herramienta.

● EL CÍRCULO DORADO

Simon Sinek, el creador del círculo dorado, ha intentado explicar de qué forma algunos líderes inusuales (como Steve Jobs o Martin Luther King Jr.) han sido más influyentes en el aspecto de motivar a los demás.

| El círculo dorado

El círculo dorado se centra en la toma de decisiones humana. Este modelo puede usarse como guía para mejorar tus habilidades de liderazgo cuando dedicas más de tu energía a analizar qué debe hacerse, cómo y por qué. Este modelo también te puede ayudar como líder a comprender cómo convertir tu idea en un movimiento social.

La siguiente herramienta te ayudará todavía más a poner la técnica del «por qué, cómo y qué» en práctica.

● MARCO DE VALORES COMPETITIVOS

Este marco de «Modelo de valores en competencias complementarias» creado por Robert Quinn y Kim Cameron puede usarse como herramienta para indicar cómo funciona tu organización, cómo colaboran tus empleados y cuáles son los valores de tu empresa.

| *Marco de valores competitivos*

Este modelo, si se usa como herramienta, te llevará directamente al punto de evaluar la salud de tu organización y empresa con una valoración de los resultados para el presente y el futuro.

¿Crees que este modelo aplica al entorno de gestión moderno del mundo corporativo de hoy en día? Yo creo que sí, si te mueves según las dinámicas de trabajar en equipo. Formar a un equipo fuerte puede, sin duda, obrar maravillas y ayudarte a lograr mayores objetivos en un corto periodo de tiempo. La siguiente herramienta busca la comprensión de las ventajas de la cooperación.

● DINÁMICAS DE GRUPO

Chuck Kormanski y Andrew Mozenter crearon hace ya más de cuarenta años la siguiente herramienta, que sigue funcionando como el primer día. Los autores formularon su teoría sobre el desarrollo de equipos, que se estructura en cinco fases, para explicar la importancia de trabajar en un equipo: da igual lo brillante que puedas ser; no podrás llegar solo hasta el final del camino que te lleva a lograr tus objetivos. Aun así, fomentar el espíritu de grupo no es un proceso fácil e implica ciertas barreras. La buena noticia es que estas barreras no pueden impedir que un equipo logre sus objetivos si responde de forma efectiva ante los desafíos.

Estado	Tema	Resultado de la tarea	Resultado de la relación
1	Concienciación	Compromiso	Aceptación
2	Conflicto	Aclaración	Pertenencia
3	Cooperación	Participación	Apoyo
4	Productividad	Logros	Orgullo
5	Separación	Reconocimiento	Satisfacción

| *Dinámicas de grupo*

La tabla anterior representa las cinco etapas implicadas en las dinámicas de grupo. Usar esta herramienta permitirá a los líderes respaldar a sus seguidores para asegurarse de que en su equipo haya aceptación y solidaridad.

Gánate la confianza de los demás: preocupación genuina

Un equipo sin confianza no es un equipo de verdad. En palabras de Simon Sinek: «Un equipo no es un grupo de personas que trabajan juntas, sino un grupo de personas que confían unas en otras». En un grupo de personas que se limitan a trabajar juntas, el avance es a menudo decepcionante. Puede que no compartan información y que se peleen entre sí por sus derechos y responsabilidades. Puede que tampoco cooperen. Da igual la capacidad o el talento que tengas: si no puedes entablar relaciones duraderas, entonces puede que nunca llegues a alcanzar todo tu potencial. Para ser un buen miembro de equipo como líder, tienes que respetar las opiniones de los demás y no tomarte las críticas de forma personal. Simplemente, hay que ser conscientes de que otras personas tienen una perspectiva diferente y, si no pueden ser constructivas, eso será una debilidad suya, no tuya.

Podrás entender bien este concepto con la ayuda de las siguientes herramientas para lograr una mayor confianza.

● MODELO DE CONFIANZA ABCD

Este modelo propone que para mejorar un ambiente de desconfianza es de vital importancia que intervengas como líder. Tienes que empezar evaluando a las personas según su rendimiento. Los tres aspectos que van con esta idea son marcar objetivos, asesorar en el día a día y evaluar. El mayor énfasis en las relaciones de poca confianza se dará en la evaluación y la valoración. Por otro lado, en las relaciones de alta confianza ya hay unos objetivos claros marcados. Como líder, tu trabajo es ayudar a tu equipo a ganar y a dar lo mejor de sí para lograr sus objetivos. Al fin y al cabo, cuando llegue el momento de la evaluación, esta te será más fácil, ya que llevas reuniéndote con tus colaboradores y trabajando con ellos todo este tiempo. Es exactamente así como debes crear una relación de confianza, para asegurarte de que sepan que estás en su equipo como líder.

De hecho, es bueno advertir los aspectos no verbales de la confianza porque, si las personas confían en ti, estarán dispuestas a acudir a ti cuando necesiten ayuda y, como resultado, se centrarán más en su trabajo. Sabrán que no vas con mala intención. Por otro lado, si no confían en ti, tampoco estarán centrados en su trabajo. Estarán prestándote más atención a ti, porque están pendientes de ver si vas a sabotearlos o no. Este es el punto que empieza a impregnar a todo tu equipo. Para evitar eso, como líder, tienes que conseguir generar un ambiente de antemano en el que las personas sepan que tienen que respaldar, animar y ayudarte a ganar. Debes hacer que sean conscientes de que tanto tú como ellos estáis en el mismo equipo, con funciones distintas. En cuanto los miembros de tu equipo adviertan esto, estarán dispuestos a que los empoderes y a dar lo mejor de sí. Y esto será un gran triunfo, tanto para ti como para ellos.

«La confianza no puede enseñarse. Es, de hecho, un sentimiento que tienes hacia personas y organizaciones», afirma Simon Sinek. La confianza es algo que debe ganarse. Son los líderes los que acaban determinando la confianza que hay en un ambiente. Ken Blanchard diseñó el modelo ABCD de confianza.

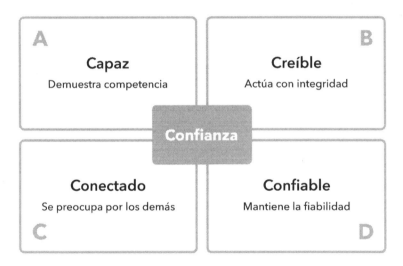

| Modelo de confianza ABCD

El objetivo de esta herramienta es dar y recibir confianza. ABCD es el acrónimo en inglés de «Ability» (habilidad), «Believability» (credibilidad), «Connectedness» (capacidad para relacionarse) y «Dependability» (fiabilidad). Al depender de estos elementos, las organizaciones pueden trabajar en desarrollar una confianza mutua en las relaciones entre los empleados. En cuanto ya hay un espíritu de equipo entre los líderes y empleados, todos confiarán más en sus capacidades como equipo y se verán más preparados para enfrentarse juntos a los desafíos.

El uso de esta herramienta te permitirá entablar una relación de confianza duradera y de calidad con tus compañeros o colaboradores. Pero en lo referente a construir una relación de confianza con otros, también es necesario mostrarles que te importan a nivel personal. Y esto es lo que se explica en la siguiente herramienta.

● FRANQUEZA RADICAL

La franqueza radical se basa en crear un entorno abierto, sincero y genuino en un equipo. Básicamente, es la capacidad de retar a alguien y, a la vez, demostrar que te importa cuando trabajas directamente con él. Uno de los mayores problemas en las organizaciones es que no dan suficiente *feedback* a los demás.

| Franqueza radical

Los elogios pueden resultar condescendientes y las críticas, directamente, un ataque. Por lo tanto, la franqueza radical es un marco que puede ayudar a las empresas a crear una cultura de *feedback* positivo y constante. Se trata de preocuparse genuinamente por las personas y enfrentarlas directamente. Para poder hacerlo bien, tienes que desaprender todo lo que se te ha inculcado desde que eras pequeño. La franqueza radical nos lo ha puesto más fácil a la hora de dar comentarios sobre el rendimiento, ya que deja claro qué es lo que pasa cuando no hay *feedback*. Así que la franqueza radical, en esencia, significa «decir lo que piensas, siempre que lo hagas para ayudar», a pesar de las circunstancias.

Esta herramienta creada por Kim Scott, autora del libro *Radical Candor* [Franqueza radical] y *coach* con una amplia experiencia en desarrollo organizacional, te ayudará a dar lo mejor de ti y además te ayudará a desarrollar relaciones duraderas en tu carrera profesional.

Pon en marcha el cambio: urgencia

Todo buen líder conoce el célebre principio de Heráclito: «Lo único constante es el cambio». El cambio se da tanto dentro como fuera de la organización. Las fusiones y adquisiciones, la adopción de nuevas prácticas y la actualización de la tecnología son inevitables.

Los líderes inusuales saben cómo identificar posibles barreras para el cambio y crear un plan para implementarlo en la empresa. Se trata de una estrategia que se asegura de que todas las personas afectadas por estos cambios están lo suficientemente implicadas y, por lo tanto, informadas en todo momento. Provocar y gestionar el cambio dentro de tu empresa te ayudará a aumentar la productividad de tus empleados y controlar el coste del proyecto. También creará un ambiente de mayor confianza, con un rendimiento más que satisfactorio y clientes más contentos. El cambio es constante, así que cambiemos para mejorar juntos.

La forma en la que las empresas trabajan está cambiando, y si no te adaptas ahora, entonces puede que tu organización empiece a perder relevancia poco a poco, porque ahora lo que se busca no es tanto ganar mucho dinero sino compartir tu mensaje, seguir tu deseo de cambiar el mundo, marcar una diferencia y hacer algo más significativo. Hay un motivo por el que las empresas como Tesla tienen una base de clientes y seguidores fieles que hacen cola para reservar sus coches. ¿Puedes hacer lo mismo con tu empresa? El cambio tiene un impacto en todas las empresas, pero aquellas que tienen principios y cuentan con un propósito superior son las que triunfan, ya que crean una comunidad. ¿Por qué Apple tiene millones de entusiastas seguidores? La respuesta es que tiene un mensaje que va más allá de lo comercial: «Piensa diferente». La empresa consiguió aunar a personas inquietas, rebeldes y creativas y las hizo sentir bienvenidas. Tenemos que conseguir que nuestro público objetivo sienta que forma parte de nosotros, en nuestro rincón del mundo. En cuanto lo consigamos, podemos crear una empresa que no solo tiene más éxito, sino que crea un impacto más significativo en el mundo. Jim Carrey dijo en una ocasión: «El efecto que tienes sobre los demás es la divisa más valiosa que existe». Las empresas que advierten esto son las que ganan la preferencia de sus clientes y generan una vinculación emocional con ellos.

Lo importante no es el dinero, sino el efecto que tienes sobre los demás, ya vendas un boli o un curso *online*. Las personas que crean un significado y un mensaje trascendente en sus empresas son las que más rápido avanzan. Y no solo eso, sino que también son las que crean el mayor cambio y, por lo tanto, las que más impacto tienen sobre los demás. Provocar el mayor impacto posible es lo que te mueve. Da igual si estás creando zapatos como TOMS o productos de limpieza como The Honest Company. Si defines claramente cuál es el valor de tu empresa, qué quieres cambiar y sobre quién quieres tener un impacto, entonces empiezas a crear una poderosa comunidad de personas que te acompañarán cuando crees una diferencia en el mundo. Y ser consciente de esto supone un gran poder.

Así que, ¿cuáles son tus valores? ¿Qué valores tiene tu empresa? ¿Estás compartiendo este mensaje con tus colaboradores y clientes? Si con tu empresa únicamente buscas vender y ganar dinero, probablemente ha llegado el momento de pasar a querer servir a tu comunidad y marcar una diferencia. De lo contrario, es cuestión de tiempo que acabes importándole a muy poca gente.

Hay algunas herramientas que ayudan a los líderes inusuales a conseguir el cambio necesario.

● LOS OCHO PASOS DEL CAMBIO

John Kotter presenta ocho pasos para el cambio en su libro *Nuestro iceberg se derrite*.

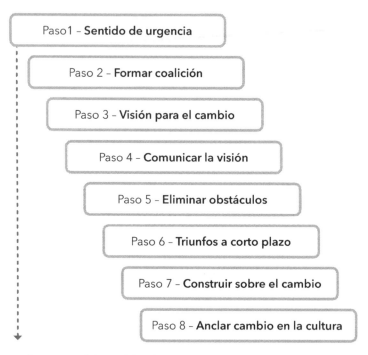

Paso 1 - **Sentido de urgencia**

Paso 2 - **Formar coalición**

Paso 3 - **Visión para el cambio**

Paso 4 - **Comunicar la visión**

Paso 5 - **Eliminar obstáculos**

Paso 6 - **Triunfos a corto plazo**

Paso 7 - **Construir sobre el cambio**

Paso 8 - **Anclar cambio en la cultura**

| *Los ocho pasos del cambio, de Kotter*

Imagina que estás en un iceberg que se está derritiendo. Con los recursos disponibles, ¿cómo puedes conseguir hacer los cambios de inmediato para evitar ahogarte? Estos pasos pueden ciertamente guiarte para saber cómo cambiar de forma urgente. Aun así, si crees que hacer cambios en tal situación es una tarea difícil, entonces estoy seguro de que la siguiente herramienta te podrá ayudar en este aspecto.

● CÓMO CONVENCER A UN ELEFANTE

En su libro *Cambia el chip*, Chip y Dan Heath explican claramente cómo lograr el cambio aunque este sea difícil. El cambio te permite crecer y avanzar. El libro presenta tres claves de cambio de comportamiento que se reflejan en la ilustración siguiente.

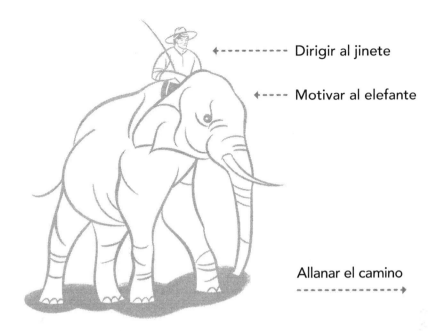

Dirigir al jinete

Motivar al elefante

Allanar el camino

Si quieres cambiar el comportamiento de las personas, entonces debes tener un impacto en sus corazones, mentes, situaciones y entorno. Cuando consigas seguir los tres pasos clave, como se muestra anteriormente, entonces tendrás éxito a la hora de aportar cambios significativos, incluso ante la ausencia de recursos.

ELEMENTO 12

Supera la resistencia: tenacidad

En las organizaciones modernas con estructuras de matriz más plana, los equipos de alto rendimiento son más pequeños y ágiles, y están estructurados para beneficiarse de la especialización individual sin preocuparse por un orden jerárquico. A pesar de que estos equipos están diseñados para ofrecer la máxima flexibilidad en un entorno en cambio constante, es muy probable que la organización siga experimentando resistencia a los cambios. Superar la resistencia al cambio en el lugar de trabajo no tiene por qué ser una batalla constante en un entorno de mercado donde, como ya hemos dicho antes, lo único constante es el cambio. Con una estrategia proactiva y visión de futuro, la resistencia al cambio primero se reducirá y, finalmente, se eliminará.

El liderazgo es un imperativo organizativo para gestionar el cambio. Los líderes que inspiran un cambio de cultura en su personal son los que logran mayor éxito. En una encuesta[2] realizada por PwC, casi dos tercios de las personas entrevistadas sentían que el responsable de la gestión del cambio es un líder en un puesto elevado. Por otro lado, casi la mitad sintió que los altos cargos deberían ser los responsables de los cambios culturales en la empresa. La buena noticia que se desprende de aquí es que la misma cantidad de personas sentían que el cambio cultural era su responsabilidad. La mala noticia es que solo un 14 % sentía que alguna parte de la responsabilidad de la gestión del cambio recaía sobre sus hombros. La dura realidad es que el cambio solo es efectivo con una cultura empresarial que lo propicie.

● LOS ROLES DE EQUIPO DE BELBIN

Esta es otra potente herramienta de liderazgo. Trabajar en equipos es una práctica usual en las empresas hoy en día. Es por este motivo por el que los empleados ahora comparten responsabilidades y tareas para seguir el mismo objetivo organizativo. Los roles de equipo de Belbin han identificado nueve tipos de comportamiento esenciales para el éxito de un proyecto. A esto lo denominan roles de equipo. Para ayudarte a asignarle la tarea correcta a la persona adecuada, han preparado un inventario[3] *online* que te demuestra cuál de estas nueve funciones prefiere cada miembro de tu equipo, además de las preferencias que reconocen en los demás. Así puedes obtener una clasificación panorámica tridimensional de los puntos fuertes de cada colaborador.

Un equipo de éxito debería tener una mezcla de individuos en cada uno de los roles. El equipo estará desequilibrado si todos sus miembros tienen estilos de comportamiento similares. Sería un problema si un equipo tuviera los mismos puntos fuertes o incluso las mismas debilidades, porque esa fortaleza o punto débil sería lo que identificaría a ese equipo. Al comprender cuál es tu rol dentro de un equipo, puedes desarrollar tus puntos fuertes y gestionar tus debilidades para mejorar tu aportación al colectivo. Esta herramienta te enseñará a crear, mantener y mejorar equipos de alto rendimiento. Evalúa cuál debería ser tu rol dentro del equipo y, después, actúa según corresponda para mejorar tus habilidades existentes.

Y hablando de comportamientos, es posible que algunos miembros del equipo se resistan a los cambios debido al desarrollo del equipo. Para analizar a estos miembros reticentes, la siguiente herramienta te puede ser útil.

Rol de equipo	Contribución	Debilidades permitidas
Cerebro	Creativo, imaginativo, librepensador. Genera ideas y resuelve problemas difíciles.	Ignora las cuestiones diarias. Demasiado ensimismado como para comunicarse eficazmente.
Investigado de recursos	Extrovertido, entusiasta, comunicativo. Busca oportunidades y desarrolla contactos.	Demasiado optimista. Pierde el interés una vez pasado el entusiasmo inicial.
Coordinador	Maduro, seguro de sí mismo, identifica el talento. Aclara los objetivos. Delega con eficacia.	Se le puede percibir como manipulador. Se descarga de trabajo que se le ha asignado.
Impulsor	Retador, dinámico, rinde bien bajo presión. Tiene iniciativa y coraje para superar obstáculos.	Propenso a provocar. Ofende los sentimientos de las personas.
Monitor evaluador	Serio, estratégico y perspicaz. Analiza todas las opciones y juzga con precisión.	Carece de iniciativa y de habilidad para inspirar a los demás. Puede ser excesivamente crítico.
Cohesionador	Colaborador, perceptivo y diplomático. Escucha y evita los roces.	Indeciso en situaciones cruciales. Evita la confrontación.
Implementador	Práctico, fiable, eficiente. Transforma las ideas en acciones y organiza el trabajo que debe hacerse.	Algo inflexible. Lento en responder a nuevas posibilidades.
Finalizador	Esmerado, concienzudo, ansioso. Busca los errores. Pule y perfecciona.	Tiende a preocuparse excesivamente. Reacio a delegar.
Especialista	Resuelto, dinámico, entregado. Aporta habilidades y conocimientos muy específicos.	Contribuye solo en áreas específicas. Se extiende en tecnicismos.

| Roles de equipo Belbin

● CAMBIO ORGANIZACIONAL

Los estudios[4] demuestran que dos tercios de los intentos de cambios organizacionales suelen fallar. ¿Y quién tiene la culpa? ¿Se debe a la resistencia humana ante los cambios? ¿Los empleados están actuando de forma irracional? Puede haber varios motivos para la resistencia de los empleados al cambio. Algunos de estos pueden ser que los empleados malinterpreten el objetivo principal del cambio, que no conozcan los resultados que comportará, que se sientan incompetentes para aplicar las habilidades necesarias para incorporarse a la nueva situación, que tengan un nivel de confianza bajo, que tengan la sensación de que no se ha consultado el cambio con ellos antes de aplicarlo, que ya estén agotados, que no esperen obtener ningún beneficio ni recompensa o que haya mala comunicación entre el equipo y el líder.

Un líder inusual empezaría, desde luego, analizando primero las reticencias de sus empleados, solventándolas y, finalmente, aplicando el cambio organizativo.

Para comprender mejor los sentimientos y comportamientos de las personas que se resisten a los cambios organizacionales, la siguiente herramienta te ayudará a guiarlas y, finalmente, llevarlas a aceptar el cambio.

● MODELO DE TRANSICIÓN DE BRIDGES

Este modelo se centra en las transiciones de los individuos mediante un cambio de camino en vez de fijarse en el proceso de cambio en sí. Este modelo destaca la diferencia entre transición y cambio. Los cambios suceden con rapidez, pero la transición es un proceso lento. Las tres etapas de transición que Bridges identificó son:

* Terminar, perder y soltar
* La zona neutral
* El nuevo comienzo

Este modelo puede ser útil para guiar a los miembros de tu equipo a quienes les es difícil pasar por esta fase de transición para conseguir encajar bien.

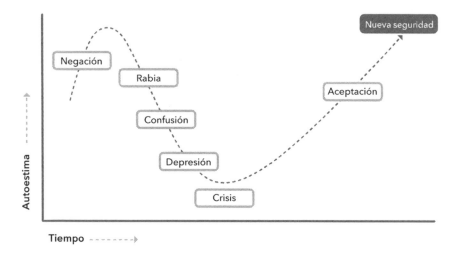

| Modelo de transición de Bridges

En este capítulo hemos visto cómo demostrar tus mejores habilidades al trabajar dentro de una organización. Entre estas habilidades, enfrentarse a la incertidumbre y a las situaciones ambiguas son algunas de las cualidades más importantes que debe tener un líder.

Un líder inusual suele conspirar positivamente para lograr un cambio en la situación presente en una organización. Hemos hablado de cómo un líder debe actuar cuando hay una falta de confianza en su equipo y de cómo promoverla entre sus colaboradores y compañeros. Esto le permitirá superar cualquier obstáculo. Por último (pero no por ello menos importante), un líder debe pasar por situaciones impredecibles y debe prepararse con su equipo para responder de forma estratégica ante las peores situaciones posibles.

Actividad

○ Identifica y escribe los factores que te parecen nocivos para una organización.

○ Evalúa tus relaciones profesionales para ver el nivel de confianza que tienen tus compañeros contigo.

○ ¿Te sientes cómodo trabajando con tus superiores o colaboradores? Si no es así, piensa maneras de mejorar esta situación. (Los modelos anteriores te pueden ayudar con esto.)

INSPIRA

Marca la diferencia

13. Autenticidad

15. Vitalidad

14. Relaciones

16. Logro

INSPIRA
Marca la diferencia

«Si tus acciones inspiran a otros a soñar más, aprender más, hacer más y ser más, entonces eres un líder».

—*John Quincy Adams*

En el capítulo anterior hemos visto cómo es un líder efectivo y cómo gestiona la incertidumbre dentro de la organización para ganarse la confianza de sus colaboradores. Hemos hablado también de dar el *feedback* necesario a los miembros del equipo de forma que no se lo tomen como algo de lo que presumir ni como una crítica negativa. Hemos hablado de cómo un líder jamás debería dedicarse a criticar ni a chismorrear, porque esto puede acabar por echar a perder su compatibilidad mental para trabajar de forma eficiente en la empresa. Está claro que es importante invertir en el desarrollo de tus colaboradores de modo que se sientan bien trabajando contigo y puedan lograr buenos resultados.

En este capítulo encontrarás todos los detalles de cómo un líder inusual debería ser lo suficientemente inspirador como para marcar una diferencia. Repasaremos ciertas cualidades y atributos que debe poseer un líder que inspira y veremos cómo un líder o cualquier profesional no solo debería inspirar a los demás, sino también buscar la inspiración. La mayoría de los líderes inspiradores tienen la habilidad de lograr resultados espectaculares que sobrepasan las expectativas. Vamos a ver, básicamente, cómo es un líder inspirador.

● ¿CÓMO ES UN LÍDER INSPIRADOR?

Los profesionales que cuentan con la habilidad de tener una enorme influencia positiva más allá de su entorno habitual de trabajo son aquellos que pueden marcar la diferencia. Estas personas tienen la capacidad necesaria para inspirar a otros mediante su visión y capacidades. Un líder inspirador es lo suficientemente atrevido como para luchar contra sus dudas. Mira directamente a los ojos de sus miedos y se obliga a plantarles cara. También anima a otros a hacer aquello que creen que deben hacer. Los líderes inspiradores no miman y sobreprotegen, sino que te hacen tomar el camino correcto, donde puedes dar lo mejor de ti. Siempre aprecian a sus colaboradores, validando sus habilidades y capacidades, a través de las cuales han podido lograr su objetivo. Crean un ambiente cómodo para sus compañeros y colaboradores, de modo que se sientan seguros para ser ellos mismos y ampliar la imagen que tienen de sí mismos.

Los líderes inspiradores siempre comparten sus pensamientos y creencias con los demás, y se ganan su confianza mediante el afecto, la aceptación y la igualdad. No es que no pasen por malos momentos o no sufran, sino que no lo muestran ni descargan o transmiten su estrés a las personas con las que trabajan. Tienen la habilidad de no cargar ni proyectar sus tensiones en los demás.

Los líderes inusuales no son avariciosos. Jamás quieren crecer para salir ganando ellos solos, lo que significa que no son egoístas. No buscan su propia riqueza y poder, sino que están más centrados e inclinados hacia la mejora de los demás y de la empresa. Sienten orgullo si sus empleados o su organización crecen. Lo único que quieren es aprender más, cavar más profundamente y ayudar a crear impacto.

Independientemente del estilo de liderazgo que adopte el directivo, todo depende de cómo influye e inspira a los que lo rodean. Hoy en día los líderes tienen estilos e imágenes diferentes. Un líder puede ser una estudiante de *marketing* empresarial en tejanos y camiseta que dirige una empresa de comercio electrónico desde su habitación. O también puede ser alguien con una sudadera y pantalones, al estilo de Steve Jobs o Mark Zuckerberg, que acaba de graduarse de la universidad y que se dedica día y noche en cuerpo y alma a una misión: conseguir sus objetivos.

Peter Handal, director ejecutivo de Dale Carnegie Training, hace poco llevó a cabo un estudio[1] basado en líderes inspiradores y afirmó: «Nuestro estudio indica que lo que realmente importa es que los líderes sean capaces de crear entusiasmo y de inspirar y empoderar a sus empleados, transmitiéndoles confianza en sí mismos».

Ahora ya tenemos una idea de cómo es realmente un líder inspirador. Veamos algunas de las cualidades y los rasgos importantes que este tipo de líder debería tener.

CUALIDADES DE LAS PERSONAS INSPIRADORAS

Aquí hablaremos de las cualidades o factores clave de un líder inspirador. Los estudios indican que la capacidad real de inspirar a los demás es lo que hace únicos a los líderes. Es algo que no todo el mundo posee. Por desgracia, sigue habiendo organizaciones en el mundo cuyos líderes se limitan a desempeñar el papel de jefes y que, por lo tanto, carecen de la capacidad de ser efectivos e inspiradores.

La palabra «jefe» suena como si solo significara «tener autoridad sobre los demás». Suele evocar la imagen de alguien que siempre está dando órdenes y que se muestra reticente a trabajar junto al equipo. Si quieres ser un líder inspirador o un profesional que inspire a los demás, entonces deberías ser capaz de desarrollar la habilidad de convencer a través de lo que haces y lo que dices.

Las personas deberían admirarte en vez de estar señalando todos los errores que cometes. Deberías ser capaz de colaborar con tu equipo para lograr tener una visión en común. Un líder innovador siempre anima a su equipo y se implica para avanzar hacia el éxito. No da órdenes a diestro y siniestro, sino que inspira a los demás a través de sus palabras y acciones.

¿Cuáles son los rasgos principales que pueden ayudar a un profesional, a un emprendedor o a un líder a convertirse en alguien inspirador?

● ENFRENTARSE A LOS DESAFÍOS

Los líderes efectivos son lo suficientemente valientes como para enfrentarse a circunstancias difíciles en sus organizaciones por complicadas que sean. Siguen firmes en lo que puede salir mal en estos momentos difíciles, cuando la organización pasa por un tiempo de crisis. No importa si lo que hacen es ayudar a empleados que pasan por dificultades o se enfrentan a una recesión dentro de la organización: los líderes inspiradores siempre actúan con la cabeza bien alta.

Siempre tienen la idea de que sus empleados deben estar al corriente de todo tipo de situación, ya sea buena o mala, de modo que puedan saber aproximadamente qué es lo que puede pasar a continuación. De este modo, los resultados inesperados, si se producen, no los sorprenderán y serán capaces de gestionarlos.

Para mí, uno de los mejores ejemplos de este tipo de liderazgo es Richard Branson, director ejecutivo de Virgin Atlantic, que siempre ha mostrado una actitud valiente ante los desafíos a los que se enfrenta su empresa. Te recomiendo que le sigas de cerca: lo que hace es realmente inspirador.

● GANARSE LA CONFIANZA DE LOS DEMÁS

Estudios[2] e investigadores han descubierto que los empleados producen mejores resultados cuando trabajan en un entorno en el que pueden confiar en sus superiores y compañeros. En organizaciones así, trabajan con más entusiasmo y fidelidad. Esta confianza puede ganarse de varias maneras distintas. Los líderes deben mostrar un interés sincero en lo que están haciendo sus colaboradores. Deben demostrarles que les importa de verdad que tengan éxito y que quieren que alcancen sus objetivos no solo para el desarrollo de la empresa, sino también para el crecimiento de su carrera profesional.

Los líderes innovadores asumen que no pasa nada por cometer un error, pero animan a sus equipos a aprender de ellos para no repetirlos más y para que no se conviertan en un hábito. Así es como un líder puede ganarse la confianza de su equipo. Cuando eso suceda, tendrá la posibilidad de lograr aún mejores resultados para el bien de todos.

● SER GENUINO

El liderazgo que inspira se basa completamente en quién eres tú. No intentes convertirte en alguien que no eres. Esto puede hacer que tus colaboradores duden de tu autenticidad. Llegará un punto en el que empezarán a pensar que seguramente tampoco eres genuino en otros aspectos.

«Usa tus puntos fuertes y rasgos de personalidad para desarrollar tu estilo personal de liderazgo».

—*Peter Handal*

El primer ministro de Canadá, Justin Trudeau, es uno de los mejores ejemplos de un líder inspirador y auténtico. Recibió con los brazos abiertos la diversidad en su trabajo. Es el tipo de líder que conoce sus puntos fuertes e intenta trabajar con ellos.

Lisa Kimmel, presidenta y directora ejecutiva de la empresa de RR. PP. Edelman Canada, lo describió de este modo: «El estilo de liderazgo del primer ministro Trudeau está caracterizado por la transparencia, la accesibilidad, la sinceridad y la disposición a colaborar. Y estas son exactamente las características que el barómetro de confianza de Edelman demuestra que son más admiradas y valoradas por la población general en los roles del sector privado y público».

Trudeau se ha definido como alguien a quien le gusta relacionarse con las personas que no están de acuerdo con sus políticas. Interactúa con ellas y se interesa por comprender su punto de vista. Ha creado uno de los mejores equipos de gobierno del mundo, reclutando a las personas más brillantes y desafiándolas a encontrar las mejores soluciones para los problemas a los que se enfrentan.

Trudeau es el líder de su gente y, más que mandar a su país, trabaja con él. No tiene ninguna dificultad al interactuar con las masas y ponerse a su nivel, lo que, a su vez, hace que todos los canadienses se sientan lo suficientemente cómodos como para mostrarse abiertos con su primer ministro. Cameron Fowler, que dirige a quince mil de los cuarenta y cinco mil empleados de BMO Financial Group como jefe de grupo de banca comercial y personal, opina lo siguiente: «[Justin Trudeau] ha llevado la relación entre el público y el gobierno un paso más allá y ha marcado como nuevo estándar el diálogo genuino y transparente. Es un enfoque intuitivo basado en la creencia de que tener a más personas en cuenta como parte de la conversación lo llevará a tener una posición más fuerte».

● GANARSE EL RESPETO DE LOS DEMÁS

Tener el respeto y la admiración de tus empleados es uno de los rasgos más apreciados que puede tener un líder inspirador. Intenta actuar siempre según lo que dices de ti mismo a los demás. Un líder inusual debe ser un modelo para su equipo, ya que es así como conseguirá ganarse el respeto de las personas que trabajan a su alrededor. Los líderes que no predican con el ejemplo no suelen llegar al punto en el que demuestran ser inspiradores.

Ganarse el respeto de los demás también te ayuda a desarrollar una buena relación con los clientes y a lograr buenos acuerdos de negocios, dado que los clientes siempre prefieren interactuar con líderes respetados por su propia organización.

● MOSTRAR INTERÉS Y SER CURIOSO

Ser curioso sobre la innovación y la creatividad es uno de los atributos clave de un líder inspirador. Es bueno que siempre esté buscando nueva información que pueda resultarle útil, tanto para él como para su equipo. Tener curiosidad por saber más es un rasgo que puede llevarte al siguiente nivel de liderazgo, porque así puedes lograr que tu equipo trabaje de forma eficiente con la ayuda de nuevas formas de hacer las cosas. Las ideas, observaciones e información nuevas son siempre una buena forma de hacer que un equipo crezca.

● CREER EN LA FUERZA COLECTIVA

Los líderes están hechos para dirigir, guiar y motivar a un grupo de personas que quizá no comparten los mismos intereses, pero sí que tienen la misma visión para llegar al mismo destino. Ya hemos dicho que un equipo es un grupo de personas que confían unas en otras. Un líder inspirador cree en el poder colectivo, que surge de la combinación de las fuerzas presentes en cada uno de los miembros de su equipo.

Un líder que inspira a los demás crea un ambiente de confianza y es lo suficientemente capaz de identificar las fortalezas de sus colaboradores. Reúne todos los talentos de su equipo y, con ellos, crea una fuerza poderosa para superar todos los desafíos que se interpongan en su camino hacia adelante.

● SER PREVISOR

Ser previsor es otra de las cualidades más importantes de un líder inspirador. Eso implica que, incluso cuando tu empresa pasa por momentos difíciles, tú deberías haberte anticipado a ello con estrategias y planes para saber gestionar la tempestad y, después, mantener en buen estado a la organización.

Es evidente que el líder no puede hacer esto solo, sino que necesita la ayuda de todo su equipo. Un gran ejemplo de esta cualidad es Rupert Murdoch, quien creó su monopolio a partir de su capacidad de anticiparse al futuro. Esto lo convirtió en uno de los emprendedores de más éxito del mundo desde que fundó News Corporation y la convirtió en la segunda empresa de medios de comunicación más grande del planeta.

● TENER HAMBRE DE VICTORIA

Un líder inspirador siempre tiene hambre de victoria. Así es como supera las expectativas de su equipo y de sí mismo. Eleva todavía más el estándar de excelencia cuando él y su equipo superan todos los obstáculos. Los líderes inspiradores siempre cumplen con sus promesas y nunca intentan desdecirse de ellas. Incluso aunque tengan recursos insuficientes, lo darán todo para terminar lo que tienen que hacer. Un buen mánager consigue los resultados esperados cuando cuenta con los recursos necesarios, pero un buen líder logrará resultados inesperados aunque no tenga los recursos suficientes.

● TRABAJAR JUNTO AL EQUIPO

Un líder inspirador es aquel que trabaja con su equipo, no por encima de él. Si tus colaboradores sienten que se los valora dentro del equipo y que se aprecia su esfuerzo, entonces es más probable que trabajen de forma eficiente y que produzcan buenos resultados, lo que también es beneficioso para la empresa. La actitud de los empleados en una empresa es el resultado de la interacción positiva de los líderes con sus equipos. Siempre que el líder esté conectado con su equipo, cada uno de sus colaboradores seguirá dando lo mejor de sí en su rol respectivo, trabajando con una actitud más positiva y entregada, y buscando el bien de la organización como prioridad.

Pero ¿cómo demostrar esta actitud de interés y preocupación hacia los empleados?

- Como líder inspirador, debes implicarte incluso en los asuntos personales de tus trabajadores, si estos se sienten lo suficientemente cómodos como para compartirlos contigo. En cuanto conozcas sus problemas, serás capaz de ayudarles.

- Como líder, debes ponerte al nivel de tus empleados e intentar interactuar con ellos. Esto te dará una mejor visión de sus asuntos y problemas. Los líderes inspiradores que se preocupan por sus empleados tienden a compartir sus propias experiencias con el equipo para motivarlo a esforzarse todavía más.

- Otra forma en la que los líderes pueden mostrar a sus colaboradores que se preocupan por ellos es interesarse por su familia. Los líderes que valoran que los familiares estén presentes en ciertas ocasiones especiales suelen sentir que pertenecen a una comunidad. Y para los empleados las cosas son mucho más fáciles si los miembros de su familia respaldan su trabajo.

- Acciones pequeñas, como enviar un correo electrónico tras cada logro, sea pequeño o grande, o enviar un mensaje de ánimo el día en el que tu equipo llegue a su punto máximo, harán que motives a tus empleados y que estén interesados en hacer cada vez mejor su trabajo. Si eres de esos líderes que no practican estos pequeños actos de generosidad, entonces quizá deberías plantearte dedicar una parte de tu tiempo a hacer estas cosas.

- Siempre tienes que estar disponible para ofrecer oportunidades de aprendizaje a los miembros de tu equipo, como la posibilidad de asistir a seminarios y conferencias en los que obtengan más conocimientos para pulir sus habilidades.

- Aunque hayas aplicado a tus habilidades de líder inspirador todas las estrategias mencionadas anteriormente, no esperes milagros. Debes estar siempre preparado para enfrentarte a la realidad y actuar con sensatez. Los líderes a menudo cometen el error de esperar demasiado de sus empleados, lo que los puede llevar a generar expectativas demasiado elevadas. Esto puede desanimar también al equipo, incluso aunque hayas aplicado ya todas las estrategias mencionadas anteriormente.

Conozco una gran empresa de atención sanitaria con casi setenta y cuatro mil empleados con esta percepción sobre los líderes que cuidan a sus empleados. Esta enorme empresa de atención sanitaria ha creado una universidad interna y permite que todos los gerentes de cada clínica asistan a un programa de desarrollo para gerentes que dura cinco días. Más adelante, a mitad de la semana, el director general de la empresa hace las rondas y se para a hablar con algunos empleados y les pregunta por su trabajo, a la vez que les da información útil. Lo mejor sobre este director es que se reúne regularmente con cada uno de estos 24 gerentes de clínicas de forma personal e interactúa con ellos, asegurándose de que se sienten cómodos con él.

Seguro que este director general se centra en obtener resultados positivos, especialmente al transmitir con su actitud que le importan sus empleados. Esto demuestra que está centrado en el crecimiento de la empresa. Ser un líder inspirador implica preocuparse e interesarse por las personas a las que diriges. Y esto debe transmitirse mediante tus acciones, no solo en tu conversación.

● INSPIRAR E INSPIRARSE

A pesar de tener las cualidades de un líder inspirador, también es necesario conocer la diferencia entre inspirar a los demás y recibir inspiración de los demás. Inspirar e inspirarse es algo bidireccional. Es un proceso de dar y recibir.

Vamos a ver el ejemplo de Apple, que ha inspirado a sus clientes con sus propuestas de venta exclusivas y se ha ganado la confianza de los clientes para que usen sus productos. Como resultado, la empresa se beneficia con el *feedback* inspirador del público. Esta tremenda respuesta positiva permite a Apple esforzarse más y mejor en desarrollar y crear diseños únicos y fáciles de usar para sus usuarios.

Así que, en este aspecto, no son siempre los líderes quienes pueden inspirar a su equipo. En algunos casos, los líderes también pueden inspirarse en algunas de las técnicas y normas que su equipo sigue. Como se trata de un proceso de dar y recibir, es más probable que, si inspiras a otros, tú recibas lo mismo a cambio.

Un líder inspirador siempre va más allá de sus límites para conseguir sus objetivos. Supera las posibilidades actuales, aunque no cuente con recursos suficientes, solo para inspirar a su equipo a ir más allá del tremendo esfuerzo que ya están haciendo. Siempre rebasará con creces las expectativas de sus colaboradores y rendirá más.

En resumen, cuando los líderes inspiran a los miembros de su equipo, estos pueden aprovechar estas indicaciones inspiradoras y aplicarlas a sus vidas y, sin lugar a duda, inspirar a su vez a otras personas con su trabajo.

● GESTIÓN IDEAL

En cuanto te conviertes en líder, la responsabilidad de la gestión descansa sobre tus hombros. Son tus colaboradores quienes convierten tu visión en una realidad: tu trabajo es asegurarte de que lo hagan de forma adecuada. Aun así, imponer a los empleados un camino concreto puede acabar causando resentimientos y quizá pierdan su lealtad hacia ti. Por lo tanto, es necesario influir en vez de imponer.

Cuando un líder ya conoce bien todas las capacidades y circunstancias de su equipo, entonces será capaz de gestionar la carga de trabajo y dividirla entre sus empleados según los puntos fuertes de cada uno. Aun así, sí que hay algunos indicadores que nos dicen cuál es la gestión ideal que un líder inspirador sigue para alcanzar sus objetivos.

- Tu forma de dirigir debe ser coherente y justa. Tratar de la misma forma a cada miembro del equipo es esencial para un líder. Debe animarse a todas las personas cuando se esfuerzan por trabajar bien pero, si dan un paso en falso, también es necesario señalárselo. Sé coherente en tu comportamiento con tu equipo.

- Intenta marcar siempre el ejemplo para tu equipo. Si llegas tarde, a tu equipo tampoco le importará llegar tarde a la oficina, ya que pensarán que nadie va a exigirles responsabilidades. Si pierdes los estribos fácilmente, puede que los demás hagan lo mismo. Sé tú el primero en ponerte como ejemplo para poder inspirar después a los demás. Como dijo Albert Schweitzer: «A la hora de influir a los demás, el ejemplo no es lo principal que necesitas: es lo único».

- Y, finalmente, ten un diálogo abierto respecto a los problemas. Nunca intentes silenciar las opiniones de los demás. Si alguien de tu equipo no está contento con tu forma de liderar, permítele decirlo. Escúchale. Pregúntale su opinión. Pídele sugerencias. Esta conversación abierta siempre ha demostrado ser sana entre los equipos, ya que no todas las mentes de un equipo piensan igual. Esto ayuda a crear una atmósfera de beneficio mutuo. Además, así tus colaboradores sentirán que los aprecias y que los escuchas.

● DEJA QUE EL EQUIPO HAGA SU TRABAJO

Puedes dejar que tu equipo se encargue de la tarea que tiene asignada sin ser un líder irritante. Puedes dar lo mejor de ti si les delegas el trabajo para el que están especializados. O, en otras palabras, según lo que se les da bien. Aun así, si a ti, como su responsable, se te pide que asignes una tarea a un empleado que crees que es la mejor opción pero, a la vez, esa tarea supera las capacidades de ese empleado en concreto... ¿cómo podrás ganártelo para conseguir que haga la tarea? Centrémonos en los siguientes tres pasos que puedes seguir para delegar trabajo a tus empleados.

● EL INTERÉS DEL EMPLEADO

Según Adrian Gostick y Chester Elston en su libro *All In* [Todos dentro]: «Para conseguir que todo el mundo se implique, los dirigentes deben crear un "QGYCE", o "Qué Gano Yo Con Eso" para cada empleado». En resumen, lo que estoy diciendo es, básicamente, que como líder o directivo lo único que tienes que hacer es mostrarle al empleado que hay algo que le interesa en la tarea que quieres asignarle o que, incluso, puedes hacer que esta implique alguna ventaja mejor para él en todos los aspectos.

● CONVENCER DE LOS BENEFICIOS

Céntrate en los beneficios que implicará terminar la tarea cuando se la estés presentando al empleado. Por ejemplo, si un miembro de tu equipo es más introvertido y reservado en su trabajo, entonces puede que tengas que explicarle que la ventaja más importante que puede obtener en esta tarea concreta sería que conocería a varias personas muy interesantes y que podría aprender de ellas.

● RESPALDAR AL EMPLEADO

Es posible que algunos de estos empleados acepten de forma inocente una tarea desconocida independientemente de conocer todos los detalles necesarios. Pero también puede darse el caso de que otros tiendan a resistirse a ciertas tareas que escapan a su experiencia. Así que, en tal situación, ¿qué podrías hacer tú como líder? Bien, en primer lugar puedes preguntarle a ese empleado cómo tiene la agenda y comprobar que tenga disponibilidad para su nueva tarea.

Por ejemplo, si una tarea que le has asignado a un miembro de tu equipo tiene que completarse de forma prioritaria, entonces también tienes que ofrecerle flexibilidad en el resto de los plazos de entrega que tiene.

También puedes respaldarle ofreciéndole los recursos y herramientas que necesite para poder terminar con su encargo a tiempo.

Como líder debes recordar que asignar o delegar tareas a la persona adecuada es una de tus responsabilidades más importantes.

● VIGILAR LO QUE DICES

Sabemos que es más importante lo que se hace que lo que se dice. Esto implica que tienes que centrarte más en tus acciones que en tus palabras. Sin lugar a duda, si empiezas a centrarte primero en tus acciones conseguirás provocar cambios. Según distintos estudios, los líderes innovadores son los que logran cambios porque no solo promueven e impulsan el cambio, sino que también intentan cambiar por sí mismos. Como dijo Gandhi: «Sé tú el cambio que quieres ver».

Un líder ágil es aquel que trabaja en sus propios defectos o, en otras palabras, en su desarrollo personal. Un líder así querría, desde luego, trabajar para lograr plasmar en sí mismo el cambio que quiere ver en su equipo. Y hasta que no lo haga, su equipo no podrá depositar su confianza en él. Este tipo de líder tiene que ser educado, compasivo y de ejemplo con sus acciones. «Los líderes inspiradores trabajan primero en sí mismos antes de trabajar en los demás» (agilebusiness.org).

● ASUMIR RESPONSABILIDAD

En vez de evadirte de tus responsabilidades, como líder debes asumir lo que te toca al enfrentarte a un problema. Nunca eches la culpa a los demás por algo; busca en ti mismo cuál es el problema y asume la responsabilidad de solucionarlo.

Cuando estás en la posición de ser el guía de tu equipo, adoptas una posición específica en la que tus seguidores te admiran y respetan. Cada uno de los pasos que des marcará un ejemplo para tu equipo y, por lo tanto, tienes que ser muy cuidadoso en cada decisión que tomes. El poder de la toma de decisiones también está en tus manos, ya que estás en la posición de decidir, en cierto modo, el destino de tu gente. Así que presta mucha atención cuando lo hagas. Estar en la posición de guiar te da la oportunidad de demostrarle a tu equipo de qué eres capaz: ese es el momento en el que tienes que dejar claro que siempre estarás ahí para ellos cuando lleguen las adversidades. Puedes demostrar esto asumiendo y reconociendo tu responsabilidad ante estos problemas. Debes ser lo suficientemente valiente como para admitir tu parte cuando sea necesario. Como líder responsable, después de asumir tu responsabilidad ante un problema, debes trazar un plan para solucionarlo y dirigir a tu equipo para aplicar este plan.

Por lo tanto, un líder inspirador no solo es aquella persona que inspira a los demás, sino que también crea inspiración en su equipo. Un ejemplo claro de esto son las charlas TED Talk[3], que suponen una tremenda plataforma para que los líderes inspiradores puedan motivar a otros a partir de lo que han vivido y aprendido. Personas de peso como Susan Cain, Amy Cuddy, Elizabeth Gilbert, Tony Robbins y similares son algunas de las que han inspirado a muchos otros mediante esta plataforma. Son personas que han luchado durante toda su vida y han decidido no rendirse. Esta actitud los ha ayudado a pensar de forma positiva y a lograr lo que tienen.

Cómo inspirar

Los líderes inusuales inspiran a los demás con resultados. Son capaces de marcar una diferencia en lo que hacen. Muestran su lado único a los demás y quieren ser un ejemplo para ellos. Los líderes inusuales no crean seguidores, crean líderes.

Veamos algunas de las herramientas que pueden serte útiles si quieres desarrollar el hábito de inspirar.

Autenticidad: predica con el ejemplo

No hay muchas personas que realmente hagan siempre lo que dicen que van a hacer. Pero si decides convertirte en una de esas personas que realmente hacen lo que prometen, entonces marcarás la diferencia.

Haz lo que has dicho que harás no para los demás, sino para ti mismo. Si quieres crear un impulso en tu vida, si quieres ganarte la confianza de los demás, si quieres creer en ti mismo y en tu propia capacidad, debes ser fiel a tus palabras. Eso es algo que no puedes ignorar ni pasar por alto. No hay ningún atajo para la dedicación, el compromiso y la coherencia. Cuando digas que vas a hacer algo, hazlo no por el resultado, sino por la persona en la que acabarás convirtiéndote cuando cumplas una y otra vez con lo que prometes.

Cuando eres fiel a lo que dices pasa algo maravilloso. De repente, te das cuenta de que vas en serio y que lo que dices es realmente lo que quieres decir.

El universo tiene un lugar especial para las personas dispuestas a trabajar para cumplir con lo que prometen. Piensa en una visión y hazla realidad, porque las ideas no tienen ningún valor si no las llevas a cabo. Da igual los libros que leas, los vídeos que veas y los seminarios a los que asistas: si no pasas a la acción para que tus planes funcionen, entonces tus ideas no tendrán ningún sentido. Pero en el momento en el que empieces a hacer las cosas que dices que harás, entonces empezarás a advertir que te están pasando cosas geniales. Verás que todo empieza a encajar y que te sientes mucho mejor contigo mismo. Sabrás que, de repente, todo el mundo empezará a apoyarte y a preguntarte si necesitas que hagan algo por ti. Y entonces les preguntarás: «Oye, ¿y por qué no me has ofrecido antes tu ayuda?». Pues porque antes no te la merecías. Esta es la forma en la que puedes merecértela.

Ese es uno de los mayores secretos. Si estás buscando el éxito o algún tipo de resultado favorable en tu vida, entonces esta sería una de las cosas que deberías empezar a hacer de inmediato. Cumplir con aquello que dices que harás es clave, porque eso te convertirá en la persona que quieres ser como líder. Esto te ayudará a crear una vida maravillosa y a dar lo mejor de ti mismo.

● LOS 5 NIVELES DE LIDERAZGO DE JOHN MAXWELL

En este modelo de los cinco niveles de liderazgo, John C. Maxwell describe claramente cómo identificar el líder que eres y cómo puedes pasar al siguiente nivel. Estos niveles también echan una ojeada a cómo desarrollar relaciones personales para generar resultados extraordinarios. Con la ayuda de este modelo, los líderes aprenden a guiar a sus colaboradores en un futuro. El primer paso es crear relaciones, y continúa cuando las personas reconocen la visión de su equipo. El resultado es que el líder forma definitivamente a los miembros del equipo y termina cuando sus seguidores perciben que su líder es ejemplar. Maxwell aclara que siempre existe la oportunidad de crecer al final de cada nivel y conectar con el siguiente.

| Los niveles de liderazgo de John C. Maxwell

Al pasar por estos cinco niveles de liderazgo, un líder inusual puede, por lo tanto, tener éxito al demostrar estar dedicado al crecimiento. Adquirir las habilidades de cada nivel te permitirá pasar al siguiente paso con el deseo de cumplir con la misión final y ser un producto de este modelo. El conocimiento y la experiencia que has ganado de este modelo te permitirán mejorar como persona.

En cuanto tengas éxito al demostrar ser un líder, deberás dirigir a los demás con tu ejemplo y no simplemente porque tienes un título o un puesto superiores que te definen. La siguiente herramienta te ayudará a entender mejor esta noción.

● SÉ UN LÍDER POR TU EJEMPLO, NO TU TÍTULO

Si quieres cambiar un comportamiento, entonces predica con el ejemplo. A menudo, dentro de nuestras organizaciones hay directivos que tienen expectativas respecto a otros empleados y quieren que actúen de una forma concreta. La cuestión está en si, de hecho, estos gerentes realmente muestran los comportamientos que quieren ver en los demás. Si quieres que los demás actúen de una forma concreta, tú debes dar ejemplo con tus acciones.

El hecho de tener el título de líder no te convierte necesariamente en uno. Y, en realidad, el hecho de no tener el título de líder jamás debería impedirte serlo. Está claro que puedes marcar la diferencia y conseguir que haya cambios, pero al final la cuestión aquí es el tipo de diferencia que marcas. Hay una diferencia entre ser un «jefe» y ser un «líder». Siendo solo un jefe jamás inspirarás a tu equipo, así que intenta ser un líder: no solo como título, sino a efectos prácticos.

Los buenos líderes inspiran a los demás a esforzarse. Marcan un ejemplo a través de su propio trabajo y comportamiento. Un buen liderazgo jamás puede imponerse, sino que se merece.

Un líder inusual siempre es auténtico. Para entender mejor este concepto tienes que pasar a la siguiente herramienta.

● LIDERAZGO AUTÉNTICO

Incluso aunque un líder sea ejemplar, eficiente y esté a la altura, debe ser alguien auténtico para empezar. Su autenticidad hace que sus seguidores crean en él pase lo que pase. Las organizaciones buscan líderes auténticos en los que apoyarse. Los líderes auténticos tienen la máxima integridad y están comprometidos a crear organizaciones orientadas a los resultados extraordinarios.

Los líderes auténticos tienen un propósito por cumplir y una meta por conseguir, y así es como dirigen a sus equipos hacia un objetivo marcado. La autenticidad es ese elemento de la personalidad del líder que realmente lo define, no solo en su trabajo, sino también en sus comportamientos y acciones.

La autenticidad de un líder también se refiere al reflejo de quién es en el mundo real y a que no hay nada en su personalidad que no sea original. Los líderes auténticos aprovechan el cambio y se presentan como personas que aceptan la evolución para mejorar su crecimiento personal y profesional.

Para ser auténtico, tienes que desarrollar tu propio estilo de liderazgo, que sale de dentro de ti. Tu autenticidad te ayudará a convertirte en un líder que brille frente al resto. Esto es esencial para tu desarrollo como líder inusual.

Todos sabemos reconocer a un líder auténtico de otro que no lo es, pero la autenticidad parece algo demasiado intangible como para poder ser medida. Sin embargo, existen instrumentos para ello.

Mi herramienta preferida para este tema es el Perfil del Círculo de Liderazgo (LCP, por sus siglas *The Leadership Circle Profile*™). Certificarme en esta metodología, ha sido una de las mejores experiencias formativas que he tenido como coach. Se la recomiendo a cualquier colega o cliente desde entonces.

El LCP no sirve sólo para medir la autenticidad; es una herramienta de evaluación de la efectividad del líder que evalúa hasta 29 dimensiones, resumidas en 8 conceptos principales. Uno de ellos es la autenticidad. La herramienta utiliza un exhaustivo cuestionario 360º que debe ser cumplimentado por el líder y por otras personas de la organización (jefes, iguales y colaboradores).

El diagrama LCP ubica la autenticidad en la zona superior, como una de las principales "competencias creativas", que son aquellas que el líder utiliza para liderar el cambio ayudando a las personas a maximizar su potencial, y aportando su visión e integridad para inspirar a otros.

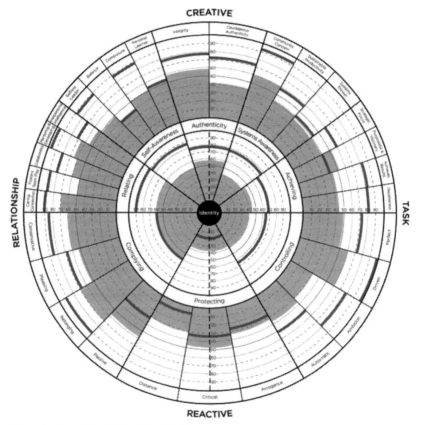

| Leadership Circle Profile - LCP

ELEMENTO 14

Relaciones: lo primero son las personas

A lo largo de tu trayectoria profesional, sea cual sea tu trabajo, tus redes (y la combinación de su fuerza y buen estado) serán tu mayor ventaja a la hora de triunfar en tu carrera profesional. Veamos ahora algunos principios esenciales para cultivar buenas relaciones profesionales.

- En primer lugar, debes tener claro que es un proceso continuo. Es constante, en todo momento. Si te limitas a hacer únicamente lo necesario, no tendrás éxito. La mayoría de las veces pasa que, cuando necesitas un contacto profesional, no tienes ninguno con el que hayas desarrollado una relación sólida. Esto implica que tienes que ser constante a la hora de entablar y cuidar tus relaciones.

- En segundo lugar, debes aprender a ofrecer algo de valor a los demás antes de pedirles algo. Puede ser cualquier cosa en la que puedas ser útil: tiempo, energía, formación, favores...

- En tercer lugar, tienes que dar más de lo que pides. Dedica más esfuerzo a lo que ya estás haciendo en tu trabajo, dado que esto te ayudará a ganarte la reputación de ser alguien generoso.

- El cuarto paso es crear relaciones sostenibles. Esto implica una interacción humana constante, diálogos cara a cara y dedicar de verdad tiempo a la otra persona, transmitiéndole directamente lo que piensas y escuchando al otro con atención.

- El quinto paso es ganarte la confianza de los demás y cultivarla. Sé una persona fiel a tu palabra. Haz lo que dices que vas a hacer (como ya hemos comentado en la sección anterior). Tu palabra debe ser firme, lo que te convertirá en una persona en la que se puede confiar.

- El sexto paso es que tienes que avanzar. Amplía tus relaciones con tus habilidades de *networking*. Conoce a nuevas personas y amplía tu red de contactos laborales.

- Finalmente, en séptimo lugar, ten un plan sistemático para conseguir que todas estas relaciones sean útiles en tu carrera profesional. Necesitas tener un plan para poner en práctica tus habilidades de *networking*.

Estos siete puntos también necesitan contar con un plan de acción y una estrategia para poder funcionar con eficiencia. Lo primero que necesitarás para que estas relaciones produzcan fruto es marcarte objetivos al respecto. Sea cual sea tu objetivo, primero tendrás que identificarlo para poder trazar el resto del plan y hacerlo más directo. Luego investiga qué recursos te pueden ayudar a avanzar hacia tu objetivo de cultivar tus relaciones. Decide cuáles son las personas a las que quieres conocer y con las que quieres relacionarte, tanto de forma profesional como personal. En esencia, se trata de crear un mapa de relaciones. Planifica con qué personas quieres estar en contacto y desarrollar una relación, y busca opciones donde puedas encontrarlas.

Cuando hayas terminado de escribir esa lista de personas a las que quieres conocer, identifica a entre sesenta y cien personas con las que puedas conectar a lo largo de un año. Seguidamente toca poner el plan en marcha. El primer día del mes, saca esa lista de personas a las que quieres conocer y apunta a tan solo cinco de esas personas con las que quieres reunirte esa semana. Es posible que no todas se presenten.

Lo siguiente que debes hacer es elegir a las próximas cinco personas de esa lista, contactar con ellas, trabar relaciones de esta forma y seguir repitiendo lo mismo para todo el año. Por lo tanto, pasa tiempo con los tuyos, crea relaciones con ellos que sean más duraderas, gánate su confianza y amplía tu red de contactos.

● LIDERAZGO RELACIONAL

El liderazgo relacional desafía la forma en la que se ha estado desarrollando el liderazgo en las organizaciones. Si pensamos que el liderazgo es algo relacional, entonces sabremos que depende de los colaboradores. El proceso de tener una relación implica credibilidad, confianza, influencia e interdependencia.

Un estudio[4] de Gallup sugiere que las personas que tienen a un buen amigo en el trabajo tienden a producir mejores resultados y a conservar su puesto, e incluso están más satisfechas en su puesto. Lograr relaciones humanas en el trabajo siempre ha sido una de las preocupaciones principales en el desarrollo organizacional. La siguiente herramienta te ayudará a crear relaciones humanas en el trabajo.

● LA TEORÍA DE LAS RELACIONES HUMANAS DE ELTON MAYO

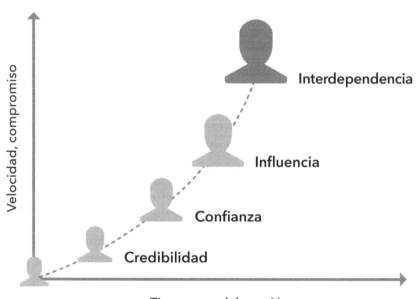

| Liderazgo relacional

Esta teoría cree que prestar atención a los empleados lleva a que tengan un mejor rendimiento. El movimiento de las relaciones humanas en el comportamiento organizacional se centra en la persona como individuo y analiza lo que motiva y cultiva sus logros en un entorno laboral. La actitud de los empleados respecto a su trabajo es importante para el éxito de la empresa.

El experimento de Hawthorne de 1927 demostró la relación que hay entre la comprensión de la psicología de los trabajadores y sus resultados. En este experimento, los psicólogos desarrollaron la teoría de que contar con una mejor iluminación podría tener un efecto positivo en los resultados de los trabajadores, así que aumentaron la iluminación y descubrieron que tenían razón: la productividad se disparó. Después, los científicos redujeron la iluminación tanto como fue posible, asumiendo que la producción caería en picado. Pero, sorprendentemente, la producción aumentó incluso más, lo que llevó al descubrimiento de que los trabajadores de la fábrica rendían más de lo usual porque sabían que se les estaba observando en el estudio.

Este resultado acabó siendo conocido como el efecto Hawthorne. La teoría de la relación humana básicamente se centra en tres elementos clave: equipos o grupos de trabajo clave, comunicación ascendente excelente y liderazgo superior.

Los equipos son un aspecto importante de la teoría de la relación humana porque la socialización general de los individuos que trabajan en equipos puede ofrecer motivación y productividad.

La comunicación ascendente es una necesidad para la relación de la teoría humana, ya que ofrece a los empleados la posibilidad de transmitir sus comentarios y comunicaciones a sus superiores. Lo que es más, esto hace que los empleados sientan que pueden expresarse y que se les valora en el proceso de toma de decisiones de la empresa.

La última parte de la teoría es ofrecer un liderazgo a través de una toma de decisiones y comunicación excelentes. Los empleados se sentirán motivados por tener unos líderes que pueden actuar como mentores y guías. Las empresas deberían centrarse en el aspecto del comportamiento humano en las dinámicas de los empleados para asegurarse de que el lugar de trabajo tenga éxito. Cuando las empresas se centran únicamente en generar beneficios, ignoran los aspectos del comportamiento humano de las personas.

Si quieres ser un líder inusual, deberías adoptar esta teoría para ganar habilidades de desarrollo de relaciones dinámicas, con lo que tus empleados contarán con mayor motivación, productividad y compromiso con sus trabajos.

● ESQUEMA DE INFLUENCIAS

Un esquema de influencias puede ayudarte a reconocer quiénes son las partes interesadas y qué personas influyen en cada una. Este proceso es especialmente útil para los cambios organizacionales. Es posible que para lograr un cambio sea necesario dedicar muchísimo esfuerzo y apoyo. Cuanto mayor sea el cambio, más difícil será lograrlo. Aun así, incluso en las grandes organizaciones, solo hay unos cuantos empleados o miembros clave de un equipo que participan en lograr un cambio. Esto es lo que hace el esquema de influencia: identificar a estas personas clave.

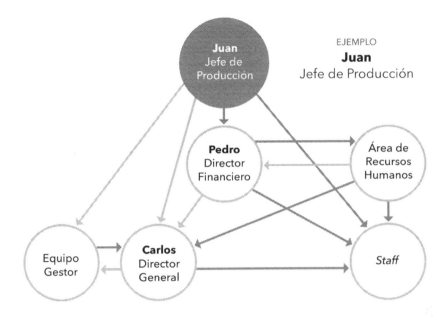

Juan
Jefe de Producción

| Mapa de influencias

Identificar a las personas clave que pueden propiciar el cambio organizacional acabará por proporcionarte una gran oportunidad de alcanzar tu objetivo de forma efectiva. Básicamente, un esquema de influencias identifica a las personas que tienen un papel importante en el proceso de toma de decisiones. Y no solo a esas personas, sino a las que influyen en ellas. En cuanto las tengas a todas identificadas, podrás crear un plan para trabajar con esas personas con una influencia clave. Como resultado, podrás lograr un cambio organizacional con éxito.

Vitalidad: trabajar para crecer

El crecimiento significa mucho para profesionales con visión de negocio. El objetivo principal de la mayoría de las empresas es aumentar sus ingresos y beneficios. Por otro lado, la responsabilidad de cada uno de los departamentos de la organización es contribuir al logro de los objetivos organizacionales.

Hacer que tu equipo crezca y desarrolle toda su vitalidad es más importante que conseguir resultados económicos a toda costa. Tienes que crear un equipo más efectivo sin ejercer autoridad ni provocar un ambiente estresante. Las organizaciones de éxito triunfan porque no se rinden en su lucha por conseguir sus objetivos. Se adaptan al cambio, modifican sus estrategias para ajustarse a los sucesos del mercado y, por encima de todo, saben liderar en función de los colaboradores que tienen.

● MODELO DE LIDERAZGO SITUACIONAL

La teoría situacional se centra en las características de los seguidores como el elemento más importante de la situación y, en consecuencia, para determinar cuál debe ser un comportamiento de liderazgo efectivo.

La teoría menciona que los colaboradores tienen distintos niveles de preparación. Las personas con poca preparación para una tarea (debido a que cuentan con poca capacidad o formación, o se sienten inseguras) necesitan un estilo de liderazgo diferente al de aquellas que están bien preparadas y cuentan con capacidad, habilidad, confianza y disponibilidad para trabajar. Un líder puede adoptar uno de los cuatro estilos de liderazgo basados en una combinación de relación y conducta de tarea.

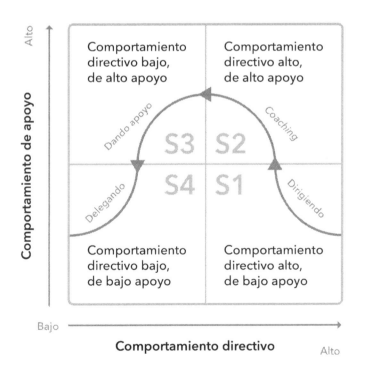

| Modelo de liderazgo situacional

Según la teoría, un líder tendrá que adaptar su estilo al nivel de madurez de sus empleados. La independencia del empleado también aumenta con el nivel de madurez. El modelo de liderazgo situacional realza la independencia y adecuación según lo que explica el modelo sobre los cuatro estilos de liderazgo situacional: dirigir, entrenar, apoyar y delegar.

El liderazgo situacional puede aplicarse a cualquier circunstancia para generar cambios organizacionales. Pero existe otro modelo, llamado liderazgo transformacional, que también debes conocer.

● LIDERAZGO TRANSFORMACIONAL

El liderazgo transformacional, también conocido como liderazgo de desarrollo, se centra en hacer que el mañana sea mejor.

| Liderazgo transformacional

Los líderes de desarrollo hacen esto de cuatro formas. La primera es crear una visión por la que trabajar y que inspire a otros. En segundo lugar, son genuinos en su compromiso, como ya se ha explicado en las herramientas anteriores. Su integridad inspira al equipo para pasar a la acción. En tercer lugar, cultivan el desarrollo profesional y personal de su equipo. Invierten su tiempo y energía porque saben que su esfuerzo acabará por ser provechoso. Reconocen tanto los esfuerzos individuales como sus aplicaciones. Finalmente, animan a los miembros del equipo a desarrollar ideas, trabajar con estilo y abrazar la originalidad. Lo que es más, permiten correr riesgos controlados, lo que ayuda a promover una cultura de innovación.

En resumen, los equipos con líderes transformacionales o de desarrollo están en constante cambio y evolución. Así que, si eres un líder de desarrollo, entonces te será más fácil hacer de mentor para tus empleados y desarrollar sus habilidades para que crezcan. La siguiente herramienta en esta serie es ideal para preparar a tus empleados para que den lo mejor de sí en un equipo.

● MODELO GROW DE COACHING Y PREPARACIÓN

Preparar a los miembros de tu equipo para rendir al máximo los ayudará a tomar mejores decisiones. Tu preparación también los ayudará a solucionar sus problemas radicales. Como líder, tu mayor responsabilidad es formar a tu gente de forma que crezcan. De esta forma, los ayudarás a ganar fuerzas y superar sus debilidades.

El modelo GROW puede ayudarte a empezar a preparar a los tuyos. GROW es un acrónimo de «Goal» (objetivo), «Reality» (realidad), «Options» (opciones) y «Will» (voluntad).

Como líder, deberías indicarles a los miembros de tu equipo que se marquen objetivos. Explícales que si un objetivo no está bien definido, es imposible alcanzarlo. Asegúrate de que sus objetivos siguen las reglas de los objetivos inteligentes que ya hemos comentado: específicos, medibles, alcanzables, realistas y con fecha límite.

En la siguiente fase tendrás que pedirle a un miembro de tu equipo que defina mejor su realidad actual. Empezad analizando la realidad para marcaros los objetivos según corresponda. En el siguiente paso tendrás que explorar las opciones que hay para esta persona y ayudarla a encontrar una solución para lograr el objetivo. Tras evaluar las opciones disponibles, tienes que ayudarle a establecer la voluntad necesaria para seguir el objetivo marcado. Tras analizar la realidad y estudiar las opciones disponibles, esta persona de tu equipo ya estará lista para generar la voluntad y lograr lo que se ha propuesto. Sabrá cómo alcanzar sus objetivos.

Esta preparación debe ser natural y cómoda para ti y tu empleado, lo que hará que el proceso sea más valioso y gratificante. Aprovecha el modelo GROW y aplícalo a tu estilo de liderazgo para descubrir resultados únicos en los miembros de tu equipo.

ELEMENTO 16

Logro: haz que las cosas sucedan

Puedes hacer que las cosas sucedan a tu alrededor con un pensamiento positivo. El pensamiento positivo puede tener un efecto sobre las cosas mucho mayor de lo que podrías pensar. Las cosas que tienes que hacer seguirán en tu mente si no te pones en pie y empiezas a hacer algo al respecto.

Intenta mantener un equilibrio entre hacer que sucedan cosas y dejar que te pasen cosas. Actúa sobre todo aquello que esté en tus manos. Haz los deberes, ponlo todo a punto y, entonces, prepárate para aprovechar cualquier oportunidad que se te presente. En realidad, la suerte es esto: una combinación de preparación y oportunidad.

Después, déjalo todo a un lado y haz el trabajo necesario para estar preparado para lo que estés intentando conseguir. Tras esto, solo tienes que liberarte soltando todo el apego que puedas sentir por el resultado, porque sabes que ya has hecho todo lo que estaba en tus manos. Cuando hayas terminado de hacer todo lo que está en tu poder, entonces ese será el momento de rendirlo y soltarlo todo.

Cuando tengas claro cuál es el tu objetivo en la vida (aspira), diseña un plan y empieza a actuar al respecto. Lograr que las cosas sucedan del mismo modo está relacionado con esto. En cuanto estés decidido a conseguir tu pasión, tu objetivo y tu visión, la positividad y la fe en tu propósito te llevarán a hacer que las cosas vayan sucediendo según el plan establecido.

Ordena las cosas que quieres hacer y asígnales un nivel de prioridad. Los objetivos medibles son más fáciles de lograr. Valora tus triunfos premiándote. Sé persistente y pregunta con constancia cuáles son las últimas novedades.

Mantente alejado de las cosas que te distraen de lograr tus objetivos. Aprovecha cada uno de los minutos para conseguir lo que quieres. Nunca dejes que pase un solo segundo que podrías haber sumado para alcanzar tu objetivo.

Al final, limítate a reservar energía para estas cosas que quieres que pasen en tu vida. Todo lo que necesite tu vitalidad. Tu visión requiere tu atención, tiempo y energía. Intenta invertir todas estas cosas en tus objetivos para lograr que se hagan realidad.

● LOS 7 HÁBITOS DE COVEY

Los 7 hábitos de la gente altamente efectiva, de Stephen Covey, es un potente marco para el crecimiento personal y profesional que ha revolucionado la forma en la que las personas consideran el comportamiento personal y su forma de abordar la vida. Estos siete hábitos son:

1. Ser proactivo

2. Comenzar con un fin en mente

3. Poner primero lo primero

4. Pensar ganar-ganar

5. Buscar primero entender, luego ser entendido

6. Sinergizar

7. Afilar la sierra

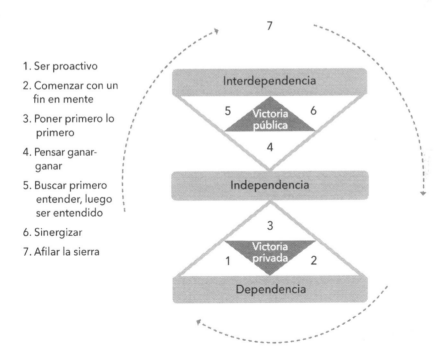

1. Ser proactivo
2. Comenzar con un fin en mente
3. Poner primero lo primero
4. Pensar ganar-ganar
5. Buscar primero entender, luego ser entendido
6. Sinergizar
7. Afilar la sierra

| Los hábitos de las personas altamente efectivas (Covey)

Este modelo básicamente te guía en cómo embarcarte en tu plan de acción de una forma constructiva y efectiva. La siguiente herramienta que veremos está relacionada en parte con este aspecto. En cuanto hayas desarrollado los siete hábitos, tendrás que impulsar un modelo empresarial propio para poner en marcha tu plan de acción.

● MODELO DE NEGOCIO PERSONAL

¿Estás pensando en cómo cambiar tu forma de trabajar? ¿Por qué no tratar tu carrera profesional como una empresa y crearte un modelo de negocio? «Tu modelo de negocio» es un método creado por Tim Clark, que se basó en el modelo de Osterwalder que hemos visto antes, para adaptarlo al caso de una persona individual. El resultado lo plasmó en el libro *Tu modelo de negocio*, usado para reinventar la forma de trabajar. Este método ofrece una forma estructurada de comprender y visualizar elementos clave en la carrera profesional, como actividades que suponen un valor para los clientes y más.

Quién te ayuda *Partners* valiosos	Qué haces Actividades clave	Cómo ayudas Propuesta de valor	Cómo interactúas Relación con clientes	A quién ayudas Segmentos de clientes
	Quién eres y lo que tienes Recursos		Lo que piensan de ti y lo que entregas Canales	
Lo que das Estructura de costes		Lo que tienes Fuentes de ingresos		

| *Tu modelo de negocio*

Puedes dibujar tu propio lienzo con este modelo, reflexionando, revisando y, después, actuando. Para crear una carrera profesional basada en tus intereses, puntos fuertes y personalidad, «Tu modelo de negocio» tiende a respaldarte a través de observaciones personales muy útiles en tu recorrido hacia tu objetivo.

La siguiente herramienta describirá mejor cómo puedes demostrar ser más efectivo en tus habilidades de liderazgo al aplicar las 3 «C» principales.

● LAS 3 «C» DEL LIDERAZGO EFECTIVO

Algunos líderes tienen un poder magnético que les permite atraer la atención de los demás. Aun así, este poder estrella no es suficiente. Tienes que cumplir con las promesas de lo que dirás o harás. Esto es el liderazgo efectivo, sujeto a un cambio de éxito. El cambio descansa en elementos como «¿Qué?», «¿Por qué?» y «¿Cómo?». Y para eso están las 3 «C» que crean los tres atributos sobresalientes de un líder efectivo, cosa que los ayuda a responder a las tres preguntas anteriores. Estas 3 «C» son Comunicar, Colaborar y Comprometerse.

Comunicar
Concéntrate en el «por qué», no solo en el «qué» del cambio, para aumentar la participación.

Colaborar
Rompe los silos, fomenta la ampliación de los límites, no toleres la competencia.

Comprometerse
Modelar la persistencia, adaptarse a los desafíos y permanecer positivo y paciente.

| *Las 3 «C» del liderazgo efectivo*

Al ser el líder, te comunicas con las partes «¿Qué?» y «¿Por qué?» del cambio. Esto implica que debes ser más claro con el propósito del cambio organizativo, relacionándolo con los valores de la organización. También respondes a las preguntas explicando los beneficios del cambio. Cuando colaboras con las personas que te rodean, cruzas los límites y animas a los empleados. Por otro lado, cuando te comprometes, tienes que asegurarte de que tus propios comportamientos y creencias respaldan el cambio. También te comprometes a dedicar tu tiempo al cambio para centrarte en el panorama general.

En el siguiente capítulo hablaremos de respirar, lo que implica cómo mantener el equilibrio mientras buscas alcanzar tus aspiraciones. Los líderes inusuales están decididos a mantener un equilibrio en sus vidas para conseguir trabajar con eficiencia y crear un impacto para el cambio.

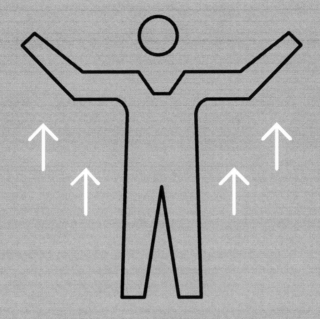

RESPIRA

Mantén el equilibrio

17. Mente

19. Corazón

18. Cuerpo

20. Alma

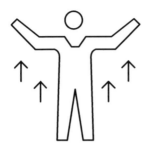

RESPIRA
Mantén el equilibrio

«Gran parte del trabajo del mundo no lo hacen
los genios. Lo hacen las personas ordinarias,
con equilibrio en sus vidas, que han aprendido
a trabajar de una forma extraordinaria».

—*Gordon B. Hinckley*

En los capítulos anteriores hemos visto cómo aspirar, transpirar, conspirar e inspirar. En este último capítulo vamos a hablar de cómo respirar. También hemos hablado sobre cómo hacer lo que amas, de modo que esto te dé un objetivo en tu vida. Cuando haces lo que amas y amas lo que haces, entonces eres capaz de dar lo mejor de ti. Invertir el 100 % de tu esfuerzo te hará crecer. Y cuando estés dando lo mejor de ti en algo, podrás inspirar a otros no solo con tus acciones, sino también con tus palabras.

Este capítulo te llevará a reflexionar en un recorrido donde hablarás y comentarás cómo mantener el equilibrio entre la vida laboral y personal. Aprenderás a respirar y a experimentar cosas nuevas en la vida, liberándote de los errores del pasado. Deberías aprender a tener presentes tus responsabilidades como líder manteniéndote apartado de la ansiedad y del estrés. Respirar, en este capítulo, se refiere al equilibrio entre tu mente y emociones. Cuando aprendas a mantener un equilibrio entre estas dos cosas, entonces también podrás mantener el equilibrio entre el trabajo y la vida personal. Así que vamos a hablar primero de aprender de tus errores.

● APRENDE DE TUS ERRORES

Como humanos tendemos a cometer errores en nuestras vidas. Está en nuestra naturaleza. Hemos nacido así. Es inevitable, porque eso es lo que nos hace ser humanos. Pero lo importante es que, incluso si cometes errores, nunca debes permitir que tu vida se quede anclada en ellos. En vez de lamentarte por lo que ha pasado y darles demasiadas vueltas a tus equivocaciones pasadas, intenta aprender de ellas. Los fallos en nuestras vidas son lo que nos permite aprender. No subestimes jamás tus defectos y fallos; en vez de esto, intenta aprender lecciones de ellos. Tus errores son algo que no te matará, sino que te hará más fuerte.

«La vida no son el álgebra y la geometría, sino aprender de tus errores para no repetirlos».

—*Lindsay Fox*

De hecho, ¿recuerdas alguna cosa buena que hayas aprendido alguna vez sin haber cometido ni un solo error? Necesitamos errores para aprender: si no fallamos, no aprendemos. Ninguno de nosotros es inmune a los errores. Así que simplemente pide disculpas y sigue adelante; eso es lo único que puede evitar que vuelvas a cometer el mismo error de nuevo. Cuando no aprendes de tus errores, probablemente también proyectas tu estrés innecesario sobre los demás, cosa que puede hacer que estos pierdan su confianza en ti.

«Fallar es bueno. Es un fertilizante. Todo lo que he aprendido sobre el *coaching* es lo que he aprendido sobre mis errores».

—*Rick Pitino*

CUANDO FALLES, ADMÍTELO

Intenta responsabilizarte de tus errores. Admite que has hecho algo mal, ya que de lo contrario no podrás aprender de la situación. Cuando adviertas que has cometido un error, solo tienes que respirar hondo y admitirlo primero para ti mismo. En cuanto lo hayas hecho, házselo saber a las posibles personas perjudicadas y pídeles también perdón a ellas. Al final, asegúrales que estás trabajando para solucionar el problema. Este pequeño gesto de decir «lo siento» te permitirá volver al buen camino, y entonces los demás te recordarán como aquella persona que asumió la responsabilidad de su error y que, además, lo arregló.

ANALIZA DE FORMA DISTINTA

En cuanto adviertas que has cometido un error, intenta verlo desde otro ángulo. Si te lo tomas como algo completamente negativo, entonces probablemente acabes por culparte de haber hecho tal estupidez y te quedarás atascado en medio de la nada. En vez de reaccionar negativamente en contra de tu error, analízalo desde un punto de vista imparcial. Esto te motivará a estar más preparado y ser más resistente la próxima vez.

PRACTICA LO QUE HAS APRENDIDO

Has tenido tiempo para cometer un error, pero es posible que no tengas tiempo para practicar lo que has aprendido de él. Tu apretada agenda y agotador día a día en el trabajo puede que te lleven a seguir actuando como siempre, debido a lo cual es posible que no adviertas tu error, dado que puede que sea habitual para ti.

Si tus errores son más organizacionales que personales y te importan muchísimo, es probable que quieras implicar tus habilidades de aprendizaje de otra forma. Analizar el proceso entero de tu error respecto a lo que realmente ha ido mal y en qué punto puede revelarte que hay un enorme agujero en algún momento del proceso. Encuentra ese agujero y arréglalo. Esto te asegurará que puedas evitar los mismos errores en un futuro.

A continuación veremos algunos ejemplos de empresas internacionales que han aprendido de sus errores y han triunfado después.

> A mediados de los años noventa, Coca-Cola Co. se vio acosada por algunos de sus errores. James Quincy, director ejecutivo de Coca-Cola, animó a todos sus directivos a «ir más allá del miedo a fallar». Como resultado, se presentó la New Coke al mercado. «Si no cometemos errores, es que no estamos esforzándonos lo suficiente», afirmó.

> Más recientemente, el director ejecutivo de Netflix, Reed Hastings, estaba preocupado por el éxito continuo, sin precedentes y sin competidores que les hicieran sombra. «Nuestro índice de éxito es demasiado elevado. Necesitamos más riesgo, probar más cosas alocadas; deberíamos tener una tasa de cancelaciones más elevada en general», dijo en una conferencia tecnológica.

> Incluso el director ejecutivo de Amazon, Jeff Bezos, admitió en una entrevista que su empresa ya había aprendido de sus errores. Admitió que el crecimiento presente de su empresa dependía de los fallos a los

que se había enfrentado en el pasado. «Si vas a hacer apuestas arriesgadas, serán experimentos», explicó.

Aunque todos estos directores ejecutivos, líderes de sus organizaciones, aceptan sus errores tras analizarlos de la forma más positiva, siguen teniendo miedo a cometer fallos. Debido a sus anteriores errores, siempre están preparados para enfrentarse a sus equivocaciones y encararlas de forma estratégica.

● ATENCIÓN PLENA, NO MENTE PLENA

La atención plena, o *mindfulness*, se refiere a ser consciente de tus responsabilidades y prestarles atención. La atención plena es algo que adoptan la mayoría de las empresas, especialmente los líderes, porque ven que empiezan a estar sobrecargados. Los estudios[1] han detectado que la atención plena es algo que puede actuar como remedio para subsanar todos los factores negativos a los que se enfrenta una organización.

Aunque hay menos estudios sobre cómo la atención plena puede influir en el liderazgo de las organizaciones, hay muchísima información disponible sobre las experiencias de los líderes que han aplicado el *mindfulness* en su organización. Sin embargo, hay tres puntos sobre este tema que hay que entender antes.

- Necesitamos saber si la atención plena realmente desarrolla habilidades de liderazgo.

- También debemos analizar los mecanismos que la hacen efectiva.

- Además, necesitamos ver las implicaciones en la planificación que realmente funcionan.

A continuación veremos algunas técnicas para tener atención plena en nuestro trabajo.

● PRESTA ATENCIÓN, VIVE EL MOMENTO PRESENTE

La atención plena es prestar atención en vez de funcionar de forma automática. Debes prestar una atención completa a tu trabajo. Tienes que ser consciente de lo que estás haciendo, porque te permitirá entender bien dos aspectos. El primero es que te permitirá percibir lo que pasa a tu alrededor y, en segundo lugar, también detectarás lo que pasa en tu interior. Tienes que estar presente de una forma consciente en el trabajo porque, si pierdes esta concentración, puedes meter la pata sin querer.

● EJERCICIOS DE RESPIRACIÓN PARA LA CONCIENCIA PLENA

Si tomas breves pausas para relajar la mente del trabajo, puedes recuperar fuerzas y trabajar de forma más eficiente que antes. Los ejercicios de atención plena permiten que tu mente trabaje adecuadamente.

La idea no es sacar entre 15 y 30 minutos de tu apretada agenda para hacer ejercicios de respiración, porque puede ser muy complicado. Los ejercicios de atención plena pueden ser lo breves que quieras. Incluso aunque intentes conectar con uno de tus sentidos durante al menos un minuto, hasta eso puede considerarse un ejercicio de *mindfulness*. Ni siquiera tienes que cerrar los ojos o inclinar la cabeza; puedes ser lo suficientemente creativo como para sacar algo de tiempo para dejar que tu mente descanse durante unos segundos.

Estos breves ejercicios pueden mejorar tu vida y estimular las habilidades de tu mente para trabajar de forma más efectiva. Esto puede ayudar a tus capacidades de toma de decisiones para evitar metidas de pata en el futuro.

● EVITA LA MULTITAREA PASO A PASO

Intenta, en la mayoría de los casos, dedicarte a una única cosa. Así puedes concentrarte en una tarea completamente y dedicarle todo tu esfuerzo para, después, pasar a la siguiente. La multitarea nos hace pasar de una tarea a otra constantemente y, al final, acabamos por no completar ninguna.

Hacer varias cosas a la vez puede crear demasiada presión y carga de trabajo. Un estudio[2] realizado por Zheng Wang en la Universidad de Ohio observó que los estudiantes que hacían varias cosas a la vez se sentían más productivos, aunque en realidad no era así. Por lo tanto, intenta no practicar la multitarea y adopta la atención plena centrándote en una sola cosa.

● RECUERDA CENTRARTE EN LA ATENCIÓN PLENA

Un estudio[3] realizado por la Universidad de Harvard demostró que las personas pasamos un 47 % de nuestro día soñando despiertos o ensimismados en nuestros pensamientos. Esto puede tener un papel importante al distraerte y no permitirte concentrarte en el trabajo. Como resultado, puedes cometer equivocaciones y desastres. Perder la concentración puede afectar a tu creatividad en el trabajo, por lo que no serías capaz de responder ante las oportunidades que hay a tu alrededor.

● BAJA EL RITMO PARA ACELERAR

Ir a una marcha más tranquila para recuperar el ritmo de nuevo se refiere, simplemente, a descansar y dejar que tu mente haga una pausa durante un rato para que puedas seguir trabajando tras recargar las pilas.

Es muy importante dormir bien cada noche, durante al menos siete horas, para poder ser funcional por la mañana.

Darle a tu mente un descanso puede, evidentemente, mejorar tu eficiencia en el trabajo. El pánico y la inquietud pueden llevar a resultados desastrosos. Este es el motivo por el que profesionales, emprendedores y líderes innovadores reducen el ritmo para descansar, lo que se refleja en sus habilidades de toma de decisiones y desemboca, al final, en un resultado más eficiente.

● CONVIERTE TU ESTRÉS EN EMOCIÓN

Un estudio[4] reciente hecho por la Universidad de Wisconsin-Madison llegó a la conclusión de que las personas que creían que el estrés era malo para ellas tenían una mortalidad más elevada. Por otro lado, las personas que tienden a estresarse mucho y a pensar que esto no afecta a su productividad se acostumbran a vivir de esta forma y, por este motivo, tienen una mortalidad más baja. Esto implica que, si cambias tu percepción sobre el estrés, puedes hacer que tu cuerpo responda positivamente a él.

La atención plena puede ayudarte en este aspecto, al cambiar la idea de que el estrés te afecta negativamente. Cuando te enfrentes a una situación complicada notarás que el ritmo cardiaco se acelera y eso, a su vez, envía más oxígeno a tu cerebro, lo que estimula tu sistema inmunológico. Así que la próxima vez que tengas delante una situación estresante en el trabajo, algo que aumente tus niveles de estrés y ansiedad, intenta tomártelo de forma positiva. Así es como puedes sumar más años de vida y aumentar tu productividad.

● EQUILIBRA LA MENTE Y LAS EMOCIONES

En el mundo trepidante en el que vivimos es necesario mantener un equilibrio entre la mente y las emociones. Tus emociones te servirán de fuente para tu salvavidas. Tu mente hará de piloto. Tu cuerpo está diseñado de tal modo que tanto la mente como las emociones deben estar adecuadamente equilibradas para ser feliz y tener éxito en la vida. Debemos crear un equilibrio entre la mente y las emociones para tomar mejores decisiones.

Otra ventaja que un líder puede obtener de este equilibrio entre la mente y las emociones es sentir empatía por los demás. Cuando un líder comprende los sentimientos de los miembros de su equipo, no hay duda de que podrá encontrar una forma de salir del problema y convertir esos sentimientos improductivos en un gesto productivo.

Los líderes inusuales prestan atención a lo que sienten los miembros de su equipo y a cómo estos sentimientos influyen en su trabajo. Predican con el ejemplo y mantienen equilibradas sus emociones, de modo que inspiran a sus colaboradores también en el aspecto cognitivo. Mantienen un equilibrio al mostrar su enfado, amabilidad o humor a los demás para crear un entorno cómodo para ellos. Esto crea un lazo recíproco entre el líder y el equipo, lo que facilita una posterior toma de decisiones. Así es como respiramos: creando un equilibrio emocional en nuestras vidas.

● EQUILIBRIO ENTRE LA VIDA LABORAL Y PERSONAL

Cuando aprendas a mantener un equilibrio entre tu mente y tus emociones, entonces también podrás mantener el equilibrio entre el trabajo y tu vida personal. Tienes que ser fuerte emocionalmente para seguir las reglas de tener un equilibrio en la vida en el que distingues las tareas domésticas y las relacionadas con el trabajo.

Los estudios[5] sugieren que una de cada cuatro personas del planeta está muy estresada; la causa principal del estrés es el trabajo. Las personas están más estresadas debido a su carga de trabajo en la oficina. Por este motivo muchas optan por llevarse tareas a casa y trabajar también los fines de semana.

La gente va a toda prisa para conseguir terminar su trabajo cuando hay tanto que hacer en tan poco tiempo. Como resultado del estrés del trabajo, los profesionales pueden acabar siendo improductivos, lo que también puede tener un impacto sobre sus relaciones personales. De hecho, el estrés afecta a tu sistema inmunitario y puede acabar por hacerte enfermar.

Antes hemos dicho que el estrés puede ser un aliado para mejorar nuestro nivel de productividad, pero solo si sus niveles son los adecuados. Cuando se superan estos niveles, entonces nos encontraremos en una situación peligrosa en la que nuestro cuerpo y mente empiezan a verse afectados. Es, por lo tanto, necesario mantener el equilibrio en ambos tipos de estrés.

Para mantener un equilibrio en el trabajo, lo primero que debes hacer es marcarte tus objetivos cada día. Márcate tus prioridades según la naturaleza del trabajo que tengas por delante. A medida que completes cada tarea, lograrás un sentido de éxito y satisfacción que te motivarán todavía más a lograr tu siguiente objetivo.

Lo más importante al mantener el equilibrio entre tu vida laboral y personal es tu habilidad para gestionar el tiempo. La gestión del tiempo es uno de los temas más importantes en el mundo de hoy en día, y está estrechamente relacionado con la vida empresarial. Divide una tarea grande en otras más pequeñas y cada tarea pequeña en pequeñas porciones de tu tiempo. Cuanta más atención pongas en gestionar tu tiempo, más productivo puedes resultar ser en el trabajo.

De forma similar, si intentas gestionar las tareas que tienes en tu lugar de trabajo, seguro que podrás disfrutar de tiempo de calidad en casa.

Este equilibrio también tiene un efecto significativo sobre tus emociones. Estar contento, triste, motivado, animado o decaído depende de tu capacidad para gestionar tu vida empresarial y doméstica.

ELEMENTO 17

Equilibrio mental: mente (Aspirar)

Un lugar de trabajo saludable en el aspecto mental puede tener un impacto positivo sobre la productividad, creatividad y retención, y ganarse la fama de ser un buen lugar en el que trabajar. Las personas influyentes en el lugar de trabajo deben tener un buen control y un compromiso firme para hacer que el lugar sea positivo para la salud mental. Esto no sucede de casualidad, sino que hay que crearlo a propósito. En lo referente al liderazgo, un lugar de trabajo mentalmente saludable debe plantearse sobre la base del rendimiento, la innovación, la plantilla real, la dirección estratégica, el bienestar de los empleados y el crecimiento. El ambiente del lugar de trabajo se vuelve estresante cuando se atraviesan cambios. Para poder crear un ambiente seguro, debemos anticipar los riesgos que acompañan al cambio.

Para mantener un equilibrio, necesitas desarrollar ciertos hábitos necesarios que te pueden ayudar a convertirte en un líder equilibrado mentalmente.

● HÁBITOS DE LOS LÍDERES EQUILIBRADOS

● Saber desconectar

Tienes que reconocer la diferencia entre «trabajar» y «tomarte un descanso». Si estás tomándote un respiro y pasando tiempo de vacaciones con tu familia o amigos, entonces deberías centrarte en aprovechar este tiempo alejado del trabajo. Cuando estás fuera, con familia o amigos, deberías pensar en otras cosas que no sean el trabajo y dedicar tu atención plena al momento presente. Esto te ayudará a cargar las pilas y te hará sentirte revitalizado antes de empezar a trabajar en una nueva tarea.

● Capturar las ideas al vuelo

Para una estrategia alternativa perfecta solo necesitas boli y papel. Cada vez que se te ocurra una idea creativa relacionada con el trabajo, no la pases por alto. De hecho, saca ese diario y anota las ideas para no arriesgarte a olvidarlas. Eso sí, mejor usar un diario para apuntar notas y recordatorios que sacar el móvil y llamar en ese momento.

Delimitar el tiempo de descanso

Debes gestionar el tiempo que pasas con tu familia y amigos, y priorizarlo. Estructurarlo es una buena idea, incluso aunque no suelas marcarte horarios o estructurar tus actividades. Esto, como resultado, te permitirá llevar un control de tu vida y te ayudará a gestionar cada tarea según su prioridad.

Aprender a decir «NO»

No muestres disponibilidad para trabajar en cualquier momento. Debes avisar cuando no estás en la oficina y explicar que no responderás a correos electrónicos o llamadas telefónicas si no son urgentes. Comunica tu rutina a los demás y explícales que quieres cambiar de hábitos porque estás aprendiendo a mantener un equilibrio. En cuanto conozcan bien tu rutina laboral y tu cambio de hábitos, respetarán tus límites.

Relájate y respira

Prestar atención a tu respiración es una de las cosas más importantes que debes hacer en tu tiempo libre. Solo tienes que fijarte en tu respiración cuando no trabajes. Si respiras con pesadez, eso significa definitivamente que ya estás muy estresado por el trabajo. Intenta calmarte y regular tu respiración durante unos minutos. Como ves, aquí hablamos de respirar en un sentido literal, no metafórico.

Prioridades claras

Distribuye tus tareas según sus prioridades. Analiza la naturaleza de cada tarea en la que tienes que trabajar y distribúyelas según corresponda. Ten claro qué debes hacer en primer lugar y concéntrate en ello. Decir que «sí» a una tarea implica hacerla de la mejor forma posible, cosa que podría cobrarse su precio en tu mente ya estresada. Así que, cuando analices una tarea, acéptala solo si vale la pena. De lo contrario, es mejor decir que no.

El equilibrio es muy importante para nosotros. Tener un equilibrio mental en la vida se refiere a tener una buena salud mental. Hay algunos consejos que puedes intentar aplicar para mantener el equilibrio y la salud mental:

- Valórate. Tienes que tratarte a ti mismo igual que tratas a los demás: con respeto. Sé amable contigo mismo y evita criticarte. No olvides sacar tiempo para tus aficiones, ya que pueden ayudarte a ampliar el horizonte de tu mente.

- Cuida bien de tu cuerpo. Esto puede mejorar tu salud mental ya que, entonces, tu mente estará contenta con tu salud física. Intenta alimentarte de forma nutritiva y di «no» al tabaco, alcohol y cualquier otro tipo de droga. El agua es esencial, así que bebe una cantidad suficiente en tu rutina diaria (si es por la mañana, mejor). Haz ejercicios mentales, como meditación, para ayudarte a liberar el nivel de estrés de tu cuerpo.

- Rodéate siempre de personas buenas y creativas. Las buenas personas tienen una energía positiva que puede ayudarte a pensar de forma optimista, cosa que es buena para tu salud mental.

- Aprende a tratar con el estrés. Los estudios[6] demuestran que la risa refuerza el sistema inmunológico, alivia el dolor, relaja el cuerpo y reduce el estrés. Además de esto, hay muchas otras terapias relacionadas con el estrés que puedes probar. Haz ejercicio, sal a pasear, juega con tu mascota o intenta apuntar lo que te pase por la cabeza.

- Intenta abrirte con personas de tu confianza. Diles todo lo que te preocupa. La terapia hablada siempre funciona y te hace sentir relajado tras sacar toda esa toxicidad del cuerpo mediante las palabras.

Cada una de estas técnicas tiene el potencial de ayudarnos a conservar o recobrar la tranquilidad mental en nuestras vidas.

● VIVIR EN EL PRESENTE

El poder del ahora es un libro excelente escrito por Eckhart Tolle. Se centra básicamente en vivir en el presente. Si pierdes el tiempo preocupándote por el pasado o el futuro, nunca podrás disfrutar de las cosas buenas ocultas en tu presente. Tienes que vivir en el presente, ya que seguro que te proporcionará estrategias de acción para volver a empezar con tu vida.

Hacer que tus pensamientos avancen en direcciones paralelas te hará sufrir un desequilibrio mental. El libro termina con tres lecciones que hay que aplicar en la vida de un líder.

- En primer lugar, la vida es meramente un conjunto de instantes presentes.

- En segundo lugar, el dolor está causado por la resistencia al cambio.

- En tercer lugar, solo puedes deshacerte de ese dolor cuando dejas de pensar en el cambio y no juzgas tus pensamientos.

La mayoría de nuestros pensamientos están ocupados en dos cosas: el pasado y el futuro. El día que empieces a vivir en lo que está pasando ahora, serás capaz de recibir felicidad a cambio.

Un líder inusual debe saber que contar con un equilibrio psicológico es esencial. Tu mente controla tu cuerpo y, si tu mente está en un estado inestable, ¿cómo podrás ser capaz de dirigir a otros y ser de ejemplo? La siguiente herramienta te explicará cuáles son, realmente, los hábitos de un líder equilibrado mentalmente.

● EQUILIBRA LA LÓGICA Y LAS EMOCIONES

La pregunta que surge en este punto es: ¿los negocios son lógica o emociones? Pues, en realidad, son una combinación de ambas cosas. Hay líderes que toman decisiones basándose únicamente en la lógica. Por otro lado, también hay otros que se apoyan únicamente en las emociones. Combinar tanto la lógica como las emociones al tomar una decisión te permitirá aplicar uno de los factores más importantes del liderazgo: tener empatía por los demás. La empatía implica reconocer que los sentimientos no siempre son productivos. Aun así, cuando los comprendas bien serás capaz de crear un lazo afectivo y de pensar sobre cómo seguir avanzando con tu desarrollo profesional.

Tu mente es una herramienta muy potente y también necesita gozar de buena salud. La siguiente herramienta te va a guiar para que sepas cómo mejorar tu salud mental como líder y también en el lugar de trabajo.

● CUATRO FORMAS EN LAS QUE LOS LÍDERES PUEDEN MEJORAR LA SALUD MENTAL EN EL LUGAR DE TRABAJO

La enfermedad mental es un enemigo tenaz que no desaparece si no lo tratamos con constancia. Influye en nuestra forma de pensar, comportarnos o sentir. Los líderes, por lo tanto, deben tener presentes cuáles son las cuatro formas de mejorar su salud mental para beneficio de sus empleados y de la empresa. Se trata de la autonomía, la flexibilidad, la confianza y la resiliencia.

* Los líderes auténticos invierten en crear una cultura de autonomía dentro de la organización. No buscan controlarlo todo al milímetro, sino que dejan espacio para que los empleados puedan trabajar en las tareas que decidan. El objetivo principal del líder es alcanzar los objetivos, sin exigir que sea a través de un método específico.

* Estos líderes también ofrecen flexibilidad en un lugar de trabajo moderno para sus empleados. Los empleados, por lo tanto, disponen de la flexibilidad necesaria para dar lo mejor y, a la vez, ofrecer resultados eficientes.

* Los líderes que se fían de sus empleados crean un ambiente de trabajo cómodo y de confianza. Invierten en crear confianza, lo que les produce el beneficio de un mayor rendimiento y una mejor salud mental.

* Además, la resiliencia nutre a las empresas que invierten en el bienestar de los empleados. La resiliencia es una habilidad que no solo sirve para rendir mejor incluso en medio de los desafíos y los malos momentos, sino también para sobrevivirlos y acabar siendo más fuertes al final.

Equilibrio físico: cuerpo (Transpirar)

Tras recopilar la información de una encuesta, Russell Clayton, profesor de administración en Saint Leo University, descubrió que hay una relación altamente significativa entre la actividad física y equilibrar la vida entre el trabajo y el hogar. «Si haces ejercicio con regularidad, es menos probable que sientas que hay un conflicto entre tu vida laboral y tu vida personal», afirma Clayton.

Tu salud física y mental están interconectadas de las formas más vitales. Tus capacidades físicas son las que más afectan a tu productividad debido a los siguientes motivos:

* Hacer ejercicio reduce tu nivel de estrés y, por lo tanto, tu cuerpo y tu mente se sienten liberados de toda

la ansiedad y la presión. Cuanto más ejercicio hagas, menos estrés encontrarás en el trabajo y, como resultado, disfrutarás más de él.

- El ejercicio aumenta tu eficacia propia y mejora tus niveles de confianza. Los profesionales con una buena salud física tienen una mayor tendencia a superar sus desafíos según su experiencia.

Clayton también explica lo siguiente: «No hay un momento concreto para hacer ejercicio. Algunas personas lo hacen al levantarse, para que el día no les resulte abrumador. Otros salen a media tarde para tonificarse con algo de actividad. Y puede que tú decidas salir a correr en cuanto llegas a casa. Lo que es crucial para los líderes es reconocer en qué punto de la jornada puede integrarse el ejercicio».

El cardiólogo Michael Blaha de la Universidad Johns Hopkins afirmó que necesitamos tanto el ejercicio como un nivel de actividad alto para tener salud en general. El ejercicio es un esfuerzo intencional para elevar tu ritmo cardiaco, reforzar tus músculos y mejorar tu flexibilidad. La actividad es cuánto te mueves a lo largo del día. Puedes añadir más actividad a tu día con algo de creatividad para aquellos momentos en los que normalmente eres sedentario. Por ejemplo, sube por las escaleras en vez de en ascensor.

También tienes que cuidar especialmente tu dieta. Una dieta sana y equilibrada incluye las cantidades adecuadas de minerales, vitaminas, ácidos grasos esenciales y proteínas.

Cuando hablamos de la salud física también nos referimos a la salud mental. Una mala salud física puede llevar a un riesgo mayor de desarrollar problemas de salud mental. De forma similar, una mala salud mental puede afectar negativamente a la salud física, lo que puede llevar a un riesgo mayor de sufrir ciertas condiciones.

● CINCO MOTIVOS POR LOS QUE UN BUEN ESTADO DE SALUD HACE MEJOR A UN LÍDER INNOVADOR

Sabes que quieres ser un mejor líder si quieres lograr el máximo potencial de tu equipo y de tu idea. Si eres un emprendedor, seguro que quieres llegar al mayor nivel de éxito, impacto e influencia. Como líder, tu salud y bienestar deben ser tu mayor preocupación. Esto te permitirá seguir concentrado y ser competitivo. Creo firmemente que estar sano y físicamente en forma está directamente relacionado con nuestra felicidad y bienestar, además de nuestro éxito.

Un líder inusual debe ser capaz de mantener un equilibrio perfecto entre su salud física y mental para poder tener un impacto en su área de trabajo y, por lo tanto, inspirar a los demás. Un líder saludable lo es básicamente por cinco motivos.

1. *Energía y productividad:* una rutina de ejercicio regular puede aportarte todo el bienestar que necesitas. Esto te ayudará pensar con claridad durante el día, especialmente a la hora de tomar las decisiones correctas. Tu empresa depende en parte de ti. Cuanta más energía tengas, mayor será la productividad de tu equipo.

2. *Confianza y creatividad:* un líder en buena forma física es más eficiente y tiene mayores niveles de confianza. Esto se debe a las rutinas diarias de ejercicio que te dan energía para todo el día. Los estudios[7] sugieren que el ejercicio es el motivo principal que hay detrás de la creatividad en el lugar de trabajo.

3. *Desafíos:* como líder que está en forma, necesitas salir de tu zona de confort y enfrentarte a desafíos sobre el terreno y, a la vez, no distraerte de las prioridades.

4. *Meditación:* el ejercicio puede obrar maravillas en tu salud si lo conviertes en parte de tu rutina diaria. También reduce los niveles de estrés y te hace sentir bien

y motivado en los momentos duros. Para mantener tu salud mental también puedes practicar meditación y yoga, lo que te ayudará a seguir concentrado en alcanzar tus objetivos de cada día.

5. *Influencia:* el comportamiento que tengas hacia tu equipo, como líder, tendrá un impacto directo sobre ellos. Si te muestras contento, positivo, motivado y energético con tu equipo, ellos adoptarán la misma actitud y se comportarán del mismo modo, cosa que, al final, producirá mejores resultados.

Por otro lado, si estás estresado, desmotivado o indispuesto, tu equipo actuará automáticamente como tú. El rendimiento de tu equipo, en realidad, descansa sobre tu comportamiento y actitud hacia ellos. Esto es lo que realmente forma tu influencia sobre ellos.

La siguiente herramienta te ayudará a romper los mitos sobre el equilibrio entre vida personal y profesional.

● DESCIFRA EL SECRETO DEL EQUILIBRIO ENTRE TRABAJO Y VIDA PERSONAL

Es muy importante saber que los líderes son, básicamente, los responsables de crear un equilibrio dentro de una organización. Según un estudio[8] de Gallup, hay principalmente cinco áreas en nuestras vidas que determinan nuestro bienestar. Son el área social, física, económica, de propósito y de comunidad. El estudio sugiere que puede que tengamos complicaciones en cualquiera de estas áreas en un momento dado. Como líderes, es necesario que guíes a los tuyos para que logren un equilibrio en todas las áreas. Los resultados de este equilibrio dinámico pueden resultar ser únicos y se manifestarán en el progreso colectivo de tu empresa y también de tus empleados. Di a los tuyos que ha llegado el momento de que terminen sus frustraciones y empiecen a avanzar hacia un objetivo claro con la mente despejada y una buena salud.

Equilibrio emocional: corazón (Conspirar)

Uno de los mayores errores que cometen la mayoría de los líderes de una empresa es no ser capaces de controlar sus emociones.

El liderazgo propio, un acto de equilibrio: esta es, en mi opinión, una de las tareas más cruciales que debe hacer un líder. Mantener el equilibrio, especialmente en las emociones, es bastante difícil. Tienes que conservar la armonía entre las dos secciones de tu mente. Una de ellas es el centro ejecutivo de la mente cuando se toman las decisiones (también conocida como córtex prefrontal). La otra es la amígdala, a la que también se la denomina «radar de las amenazas». La amígdala desempeña la función de indicarnos qué hacer en situaciones de alarma. En los momentos en los que la amígdala se adueña del cerebro, nuestra respuesta emocional suele ser extrema.

Los estudios[9] llevados a cabo han demostrado que tendemos a centrarnos menos en nuestro trabajo cuando nos preocupa algo. Este es el caso porque la mente está secuestrada emocionalmente y, al final, acaba perdiendo la habilidad de tomar decisiones positivas. Los efectos de las emociones y los comportamientos negativos se extienden desde el líder hacia el equipo entero, lo que es una observación común. Aun así, un estudio[10] de la Universidad de Yale también afirma que, cuando un líder está de buen humor y motivado para trabajar, transmite esta positividad a su equipo. Y este, como consecuencia, se motiva y produce el mejor resultado.

Personalmente, creo que la mejor técnica para mantener un equilibrio emocional es ser consciente de uno mismo. La conciencia de uno mismo puede ayudar a los líderes con poca paciencia a identificar cuándo son agresivos. Es bastante sencillo: tienes que ser consciente en todo momento de tu estado de ánimo y tus reacciones para conservar la calma. Ese es el momento de intervenir y actuar. Debemos aprender a calmar nuestro cuerpo cuando estamos ante un momento de crisis emocional. Una relajación profunda a través de la meditación también nos puede ser útil en este caso.

Según un artículo[11] de *Psychology Today*: «Nos volvemos emocionalmente desequilibrados cuando, o bien no nos permitimos experimentar sentimientos evitándolos o suprimiéndolos, o bien nos aferramos tanto a las emociones que nuestros sentimientos nos consumen».

La mejor forma de tratar con las emociones que tienen el potencial de afectarnos negativamente es enfrentarlas directamente. Esto nos puede ayudar a mantener un equilibrio emocional.

● INTELIGENCIA EMOCIONAL Y LIDERAZGO EFECTIVO

Casi cada decisión empresarial que tomamos a diario se basa en las emociones. Pensamos y sentimos que la decisión A es mejor que la decisión B, así que la mayoría de las veces tomamos decisiones basándonos en lo que nuestras emociones o intuiciones nos dictan, aunque no siempre nos demos cuenta de ello.

Necesitamos ser conscientes de nuestras propias emociones y sus orígenes para comprendernos mejor a nosotros mismos: nuestras motivaciones, miedos, limitaciones y puntos fuertes. También es extremadamente importante que estemos en contacto con nuestras emociones al trabajar en equipo y ser capaces de ponernos en la piel del otro. Sintonizar con las emociones y preocupaciones de los demás es incluso más significativo hoy en día, cuando los equipos son interculturales y las empresas son globales.

La inteligencia emocional es, simplemente, la habilidad de comprender, expresar y gestionar tus propias emociones, desarrollar y mantener buenas relaciones sociales, pensar correctamente y solucionar problemas bajo presión.

> Prueba un sencillo ejercicio: recuerda algún incidente reciente que te resultara estresante. Visualízate como observador y no como participante, casi como si estuvieras viendo la situación desde fuera. A medida que pasas del papel de participante al de observador, fíjate en que tu estado emocional también cambia. Esta conciencia propia, ahora libre de su carga emocional, te ayudará a ver claramente cómo te afecta la situación y cómo tú afectas a los demás.

Demasiado a menudo hay poco énfasis en desarrollar las habilidades interpersonales o la inteligencia emocional en el lugar de trabajo.

La inteligencia emocional en realidad se refiere a lo bien que gestionas tus relaciones. Los grandes líderes no solo se autogestionan bien, sino que también son capaces de canalizar el poder de las emociones para crear conexiones significativas con los demás y ser una influencia positiva en sus equipos y en toda su organización. Esto es, esencialmente, el resultado de aplicar principios de inteligencia emocional a la compleja función del liderazgo.

● LOS LÍDERES TIENEN QUE GESTIONAR CUATRO DIMENSIONES CLAVE

1. *Conciencia de uno mismo:* las personas emocionalmente inteligentes son conscientes de sus emociones y las aceptan como parte de la condición humana. Tener un alto nivel de conciencia de uno mismo a menudo requiere la voluntad de experimentar la incomodidad de centrarse en las circunstancias y desencadenantes que inician algunos de nuestros sentimientos más negativos.

2. *Dominio personal:* las personas emocionalmente inteligentes son conscientes de que no necesitan ser esclavos de sus propias emociones y desarrollan la habilidad de sustituir patrones emocionales que no les funcionan por otros que sí les son útiles. En otras palabras, mediante una decisión consciente y la creación de nuevos hábitos de pensamiento podemos lograr cambiar el modo en el que funciona nuestra mente.

3. *Conexiones de liderazgo:* este proceso empieza con la habilidad del líder para percibir con precisión las emociones de los demás y comprender el papel de estas en sus reacciones y comportamientos. Pero es más fácil decirlo que hacerlo. No solo se trata de ser educadamente sensible ante los demás. Lo importante es meterse en sus zapatos con decisión y apretar bien el nudo de los cordones. Pensar como piensa el otro, sentir como

siente. Incluso aunque no pienses igual, es posible (aunque complicado). La buena noticia aquí es que, incluso aunque no acabes de entender del todo al otro, normalmente este agradecerá tu esfuerzo. Aun así, la empatía no es suficiente. Para crear estas profundas conexiones, los líderes también necesitan demostrar su disposición a abrir sus agendas personales y comprometerse a estar dispuestos a servir a los demás.

4. *Influir en los demás:* los estados de ánimo son importantes, especialmente como líder. El estado de ánimo de un líder es particularmente contagioso. Los líderes positivos y alegres tienden a transmitir energía y positividad a su organización. Los que son pesimistas y melancólicos absorben la energía y la pasión de los que les rodean.

El liderazgo, en esencia, es una invitación a un futuro mejor. Las personas siguen voluntariamente a los líderes con un fuerte optimismo y aspiran a aportar lo mejor de sí mismos a esta misión. Por lo tanto, para crecer y desarrollarnos como líderes, tenemos que ser capaces de hacer que nuestra inteligencia emocional crezca y se desarrolle.

Equilibrio espiritual: alma (Inspirar)

«Casi todos los hombres pueden soportar la adversidad,
pero si quieres poner a prueba el carácter
de un hombre, dale poder».

—*Abraham Lincoln*

La espiritualidad en el liderazgo es un tema cada vez más presente en entornos donde antes solo se hablaba de negocios. No obstante, también es verdad que hay un cierto estigma respecto al término «espiritual» dentro de algunas organizaciones. Los líderes empresariales tienden a mostrarse reacios en algunos puntos en lo referente al equilibrio espiritual y su trascendencia en el liderazgo.

De hecho, opinan que no hay que ser demasiado religiosos en el lugar de trabajo. Piensan que, añadiendo la espiritualidad a su estilo de liderazgo, limitarían su mercado. Pero la espiritualidad no es lo mismo que la religión. Aun así, todavía se malinterpreta este término en el mundo corporativo. La verdad es que las bases del éxito de la mayoría de los líderes del mundo ya se han basado en la espiritualidad.

Bob Proctor, Stephen Covey, Patrick Lencioni, Jim Collins y otros sugieren más bien un enfoque creativo para trabajar en vez de otros planteamientos más usuales. Todos ellos son líderes que empoderan a sus colaboradores en vez de dejarlos indefensos. Los líderes siempre debemos estar listos para ayudar a los miembros de nuestro equipo y deberíamos ser capaces de trabajar sin ignorar la base de la espiritualidad.

El equilibrio espiritual realmente significa alimentar nuestro espíritu con cosas que aumenten nuestros niveles de energía y nos motiven a esforzarnos más en nuestro trabajo. El equilibrio espiritual también ayuda a los líderes a cargar sus pilas internas más sabiamente, de modo que, cuando llegue una mala temporada, dispongan de recursos en sus reservas. De hecho, el equilibrio espiritual puede mantener vivo nuestro lado más humano, de modo que no acabemos convirtiéndonos en robots adictos al trabajo.

«La verdadera medida de una persona no es cuánto ha acumulado en su vida, sino cuánto se ha dado a los demás».

—Ted Collins

Este capítulo te invita a reflexionar acerca de cómo podemos respirar creando un equilibrio en todo lo que hacemos en nuestras vidas. Tener una vida equilibrada puede ayudarnos a alcanzar nuestros objetivos de la mejor forma posible. Vamos a echar un vistazo a cómo podemos poner esto en práctica.

Da igual el trasfondo del que vengamos: todos pasamos por buenos y malos momentos en la vida. Para la mayoría de nosotros, estos momentos duros vienen acompañados de brotes de ansiedad y estrés (tanto si son diagnosticados médicamente como si no). En la Universidad de Loma Linda descubrieron que podemos reducir el riesgo de ansiedad y depresión con mecanismos de consciencia espiritual positivos.

Lo primero que tenemos que saber es que hay dos tipos de espiritualidad: la extrínseca y la intrínseca. Según el doctor Jerry Lee, profesor de Salud Pública en la Universidad de Loma Linda, la espiritualidad extrínseca implica practicar la espiritualidad con la creencia de que se conseguirá algo a cambio.

La espiritualidad intrínseca se centra en los demás más que en nosotros mismos, y es positiva para la salud. El aspecto saludable es pensar en hacer cosas por los demás. El equipo de investigación de la universidad descubrió que los beneficios directos sobre la salud de los mecanismos de consciencia positivos son una vida más larga, una menor presión arterial y un menor riesgo de depresión y ansiedad.

Las cosas que pueden ayudarte a encontrar el equilibrio espiritual incluyen acciones como ayudar a los demás, ya sean amigos, familiares o compañeros de trabajo. En segundo lugar, busca el lado positivo cuando te enfrentes a momentos difíciles. Debes preguntarte a ti mismo qué deberías estar haciendo. Obtener una recompensa de un algo superior a cambio de todas las cosas buenas que haces es la fuente de la motivación para mantener tu equilibrio espiritual.

No hay atajos para lograr tener éxito en la vida, así que necesitamos un equilibrio entre nuestra vida laboral y privada para seguir en marcha.

● MODELO DE LIDERAZGO ESPIRITUAL

El liderazgo espiritual se basa en el afecto y el servicio, la esperanza y la fe; es una visión apreciativa de servicio hacia los demás. Las prácticas del liderazgo espiritual tienden a satisfacer las necesidades humanas fundamentales: llamado y membresía, propósito y pertenencia. Este modelo se basa en la esperanza y la fe, y en una visión de servicio hacia las partes interesadas clave mediante los valores del amor altruista.

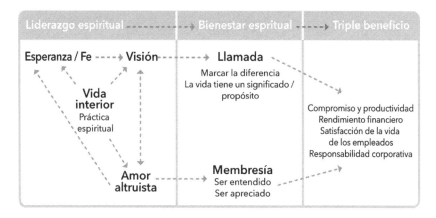

| Modelo de liderazgo espiritual

Esta tabla ofrece una práctica de atención plena para avanzar hacia tu interior y alcanzar esa fuente a partir de la que uno puede sacar fuerzas. El liderazgo espiritual se basa en el recorrido de transformar o ir más allá de las condiciones humanas, de modo que podamos dejar atrás las prisiones psíquicas y egocéntricas en las que nos hemos encerrado.

● ASPECTOS IMPORTANTES DEL LIDERAZGO ESPIRITUAL

• Crear una visión que sigan tanto líderes como seguidores, que les permita experimentar un sentido de llamado para embarcarse en los propósitos específicos de sus vidas, lo que al final acaba marcando la diferencia.

• Desarrollar una cultura organizacional basada en el altruismo, lo que permite a líderes y seguidores experimentar la sensación de pertenencia. También hace que se sientan apreciados y que desarrollen un sentido de preocupación y cuidado, tanto hacia uno mismo como hacia los demás.

El desafío para los líderes organizacionales, que se aborda a través del modelo de liderazgo espiritual, es cómo desarrollar este mismo sentido de llamada en los colaboradores mediante la implicación en las tareas y la identificación de objetivos.

Cuando hablamos de la espiritualidad en los negocios, lo primero que nos viene a la cabeza es el lugar de trabajo. La espiritualidad no es algo que pueda ignorarse en el lugar donde trabajas. De hecho, se vuelve más importante. La siguiente herramienta te va a guiar para que sepas cómo aplicarla.

● ESPIRITUALIDAD EN EL LUGAR DE TRABAJO

La espiritualidad es algo que debe practicarse y atesorarse, además de cultivarse allá donde vayamos. Como pasamos la mayor parte de nuestro tiempo en el lugar de trabajo, es imperativo que nos llevemos nuestros valores espirituales también al trabajo. Algunos valores pueden ser la creatividad, la comunicación, el respeto, la visión, la colaboración, la energía y la flexibilidad.

Todos estos valores están relacionados y son importantes en nuestro lugar de trabajo. Por lo tanto, practicar la espiritualidad en nuestro lugar de trabajo significa:

- *Ser creativo:* la creatividad implica el uso del color, la risa y la libertad para mejorar la productividad. La creatividad es divertida. Cuando las personas disfrutan de lo que hacen, trabajan con más ganas. La creatividad incluye un esfuerzo consciente para ver las cosas de forma diferente, para romper los hábitos y las creencias anticuadas, y para encontrar nuevas formas de pensar, actuar y ser.

- *Ser comunicativo:* la comunicación es el vehículo que permite que las personas trabajen juntas. En nuestra sociedad, el proceso de aprendizaje se basa en aprender a comunicarse con maestros y padres. Cuando llegamos a la etapa adulta, este condicionamiento social nos lleva a inhibirnos. Debemos cambiar nuestra mentalidad y expresar lo que sentimos sin miedo, haciendo saber a los demás cuál es nuestra posición. Da igual si tu opinión coincide o no con la de tus compañeros. Si habéis fomentado estos valores, ellos seguirán respetándote.

- *Respetar a tus compañeros:* respetarse a uno mismo y a los demás incluye respetar el medio ambiente, a las personas que nos rodean y su privacidad, su espacio físico y pertenencias, puntos de vista diferentes, filosofías, religiones, género, estilos de vida, orígenes étnicos, capacidades físicas, creencias y personalidades. Cuando aprendemos a respetar a nuestros compañeros, aceptamos sus diferencias. Podemos aprender a usar esa diversidad para beneficio mutuo.

* *Tener una visión*: la visión significa ver más allá de lo evidente y lo invisible. Es un rasgo que se usa para describir a líderes y emprendedores. Para algunas personas, la visión es un rasgo innato. Siempre ven cosas que los demás no pueden ver. Y tras tener la visión, se dirigen directamente a ella. Siguen su visión a pesar de los obstáculos que pueda haber.

* *Aprender a ser un buen compañero:* ser un buen compañero implica una responsabilidad individual y la confianza de que los demás cumplirán con su compromiso, por el bien del equipo. El compañerismo acepta que distintas personas puedan tener diferentes puntos de vista y creencias sin romper la armonía. Estas diferencias se usan como aspectos positivos para ampliar la experiencia del equipo. El compañerismo anima a trabajar en colaboración, no en competencia. Y la falta de compañerismo lleva al aislamiento y a la competitividad malsana.

* *Ser positivamente enérgico:* las personas liberamos fuerzas de energía positiva cuando nos sentimos creativas, tenemos la libertad de expresar nuestras opiniones y recibimos el respeto de nuestros superiores y compañeros. Tu aportación a la energía positiva colectiva implica ser creativo, comunicarte bien, respetar a los demás, adaptarte a las situaciones cambiantes, trabajar bien con otros y disfrutar de lo que haces.

* *Ser flexible:* la flexibilidad incluye la capacidad de adaptarse a las situaciones cambiantes y permitir que tus propios hábitos y creencias evolucionen según sea necesario. Aprender a ver las tendencias y estar preparado para ellas es una forma de ganar

flexibilidad. Otra manera es conocernos mejor a nosotros mismo investigando cuáles son nuestros puntos fuertes y debilidades.

La mayoría de las personas pasan más tiempo en el trabajo que en cualquier otro sitio. Hoy en día el lugar de trabajo es mucho más que un sitio físico: es una actividad y un espacio en el que los empleados se relacionan. Es fundamentalmente un lugar de interacción humana, donde se crea la cultura, donde se lidera, ya sea de forma tradicional o inusual.

Puede que te preguntes: «Bueno, ¿y qué toca ahora?». Sin lugar a dudas, lo siguiente es pasar a la acción. Déjame preguntarte esto: ¿tienes algún reto importante en el que puedas poner toda tu pasión? Pues no esperes más. Si quieres liderar tu futuro, debes actuar para lograrlo. Ten por seguro que nadie lo va a hacer por ti.

Dicho esto, espero que este libro te sea útil para convertirte en un buen líder. También deseo que este libro te haya motivado a hacer lo que amas, a amar lo que haces, a compartir lo mejor de ti y a tener una vida equilibrada de la mejor manera posible.

Como ya habrás visto, este libro no te anima a que te conviertas en un adicto al trabajo: más bien te guía para que arranques con buen pie a la hora de crear tu futuro tras haber reconocido tu pasión e intereses en primer lugar. Si estás comprometido con tu crecimiento, te convertirás con certeza en un líder inusual que progresa y hace progresar a quien tiene a su lado.

Vive tu vida y tu trabajo queriendo ser un modelo a seguir. Aunque no haya muchas personas que lo hagan, te aseguro que el esfuerzo merece la pena.

El día que seas capaz de aspirar, transpirar, conspirar, inspirar y respirar una actitud innovadora sin darte cuenta, ese día te habrás convertido en un líder inusual. Te espero en inusual.net para conocer tu historia y aprender juntos. ¡Seguimos!

ASPIRA
Haz lo que amas

TRANSPIRA
Ama lo que haces

CONSPIRA
Comparte lo mejor

INSPIRA
Haz la diferencia

RESPIRA
Mantén el equilibrio

TODO EMPIEZA PEQUEÑO

No puedes crecer a menos que estés dispuesto a cambiar.
Nunca mejorarás si te aferras a lo que solías ser.

— Leon Brown

Me llamo Pere Rosales y soy *coach* organizacional. Ayudo a los líderes de organizaciones a crear una cultura innovadora que potencie el factor humano de sus equipos.

Llevo más de veinte años dedicado a fomentar la creatividad aplicada y la innovación en las empresas. Empecé en 1997 cuando, siendo jefe de diseño de una multinacional, me invitaron a dar clases de creatividad aplicada en un máster de la Universidad Autónoma de Barcelona. Allí descubrí mi verdadera pasión: acompañar a personas y organizaciones para que alcancen todo su potencial cuando conectan con lo mejor de sí mismas, con aquello que las hace únicas. A eso me gusta llamarlo «su factor inusual».

Desde entonces, he seguido cultivando esta pasión de enseñar de forma poco usual y ver cómo la gente se sorprende de su propia capacidad interna. Fue por aquella época cuando se me ocurrió crear una comunidad de práctica para mis estudiantes y compañeros, que siempre me proponían seguir en contacto cuando acabábamos las clases. Así nació una lista de correo que llamamos inusual.com. Un par de años más tarde registramos el dominio inusual.net y empezamos a hablar de Inusual Network. Desde entonces no he dejado de trabajar con personas acompañándolas en su desarrollo para que sean más innovadoras y alcancen todo su potencial, ya sea que las haya conocido como alumnos o bien como colegas de la comunidad.

Como consultor de innovación también he acompañado durante años a equipos en programas de innovación e intraemprendimiento de empresas como Axa, Bayer, CaixaBank, Catalana Occidente, GSMA, Inditex, Naturgy, Roche, Seat o Sanofi. Hoy en día me dedico fundamentalmente a trabajar con organizaciones que quieren desarrollar una cultura innovadora y necesitan cambiar la forma de liderar, de trabajar y de pensar porque su forma de hacer tradicional se está quedando obsoleta. Pero no siempre he hecho esto...

● MI DESPERTAR

Volvamos de nuevo un poco atrás en el tiempo, a los inicios del proyecto Inusual, y déjame que te cuente el impacto que tuvo en mi carrera. Durante mucho tiempo Inusual fue para mí como un *hobby* con el que complementaba mi trabajo como consultor estratégico. Hubo varios años en los que organizábamos eventos frecuentemente e intercambiábamos información y experiencias interesantes con los miembros de la comunidad a través de correos electrónicos, foros, etc. A medida que el proyecto crecía, yo iba también adquiriendo más experiencia profesional, y cada vez tenía más claro que cultivar una comunidad de práctica era un trabajo que requería mucha energía, demasiada para poder combinarlo con otro trabajo.

Después de varios años trabajando como director de consultoría en diversas empresas, en 2009 me hicieron una propuesta profesional muy interesante y acepté. Así que me convertí en el CEO de una empresa de consultoría digital pionera en aquellos tiempos. Fue entonces cuando escribí mi primer libro, *Estrategia digital: Cómo usar las nuevas tecnologías mejor que la competencia*, que tuvo un cierto éxito al ser uno de los primeros sobre el tema.

Recuerdo que por aquel entonces estaba muy, pero que muy ocupado haciendo crecer la empresa, y mantener viva a la comunidad Inusual empezó a resultarme muy difícil, ya que no disponía del tiempo suficiente para dedicar a los voluntarios, atender a los miembros, etc.

De modo que, sin apenas darme cuenta, dejé de priorizar el tiempo que requería el proyecto Inusual Network y dejé también de verme con todas las personas que solían aportar voluntariamente su grano de arena para organizar eventos o publicar contenidos. El proyecto se fue durmiendo poco a poco, y yo también...

Desde la perspectiva actual, me doy cuenta de que estaba más preocupado por vender y alcanzar los resultados esperados por mis socios que por lograr crecer realmente como persona, individual y colectivamente, para crear un impacto positivo en mi entorno.

Así que, tras cinco años de esfuerzos enfocado en conseguir los resultados económicos que se esperaban de mí, me vi atrapado en un proyecto que resultó ser muy distinto a cómo pensé que iba a ser cuando acepté la oferta algo más de cuatro años antes. Ganaba mucho dinero, pero estaba viviendo una vida profesional totalmente rutinaria que no tenía ningún sentido.

Un día tuve una revelación, eso que en *coaching* se conoce como «quiebre» y que yo llamo «mi despertar». Me di cuenta de lo que me estaba pasando y del futuro que me esperaba si seguía en ese letargo. Me encontré entonces frente a un gran dilema: ¿abandono este «buen» trabajo, que me aporta confort y todo el dinero que necesito, o me arriesgo y me voy aunque aun no sepa de qué voy a vivir? Todavía no sé muy bien cómo me atreví a dar el paso, pero decidí dejar la empresa y despertar también el proyecto Inusual que tanto me había llenado en el pasado. Solo que esta vez tenía muy claro que iba a estar dedicado a él en cuerpo y alma, y tenía la firme convicción de que podía hacerlo escalar. Desde ese momento, supe que Inusual era algo creado con pasión y con un propósito que me conectaba con lo que yo quería hacer a partir de entonces: acompañar a personas y organizaciones para que den lo mejor de sí mismas.

De modo que avisé a mis socios de que me iba de la consultoría y, tras una transición de siete meses para comunicarlo con calma a los clientes y acabar los proyectos abiertos, me lancé al vacío para crear una nueva empresa de la que solo sabía el nombre que iba a tener.

● INUSUAL

Los primeros años conté con la ayuda de mi buen amigo y socio Dani Pàmies, con el que he compartido muchos buenos momentos hasta el día de hoy. Juntos, contratamos a un muy buen equipo que, lógicamente, se convirtió en el gran secreto de nuestro éxito: tener en el equipo a gente muy buena, contar con inusuales que amaban el proyecto tanto como nosotros.

Yo volví a sentirme vivo y el negocio empezó a ponerse interesante. Empezamos reconectando con los inusuales de nuestra lista de contactos. No fue fácil, ya que algunas personas habían cambiado de correo electrónico y de empresa, pero muchas otras respondieron. Tres meses después, la nueva compañía estaba ya en marcha y habíamos ganado los primeros grandes clientes, como el Ayuntamiento de Barcelona, Sanofi, Seat e Inditex.

Nos contrataban porque nosotros no trabajábamos como una consultoría convencional, hablando solo de digital y creando dependencias que hicieran que nos necesitaran durante mucho tiempo, sino que les proporcionábamos las competencias para que ellos mismos pudieran hacer cosas fuera de lo común y superar constantemente los cambios y las expectativas de sus clientes.

Hoy en día acompañamos a equipos inusuales que trabajan en grandes empresas tradicionales, a las que cariñosamente llamamos «elefantes». Con ellos impulsamos programas de cultura innovadora, hacemos procesos de *coaching* ejecutivo, *coaching* de equipos, mentoría de proyectos, etc. Todos nuestros clientes nos contratan porque se han dado cuenta de que necesitan evolucionar y liderar el cambio para dejar de reaccionar cuando ya es tarde.

Acompañamos a las personas para que lleguen a confiar en sí mismas, de forma que puedan alcanzar sus retos y ser valiosas para sus clientes.

● INUSUAL, INC.

Entonces un día pasó algo muy especial. Mi mujer, que es oncóloga en un hospital de Barcelona, recibió una oferta para un proyecto de investigación en Harvard. Nosotros siempre habíamos querido vivir un tiempo en Estados Unidos, y Boston era uno de nuestros destinos favoritos. Así que, ahora que ya teníamos dos hijos (de 7 y 9 años) y un proyecto profesional para ambos que nos entusiasmaba, nos liamos la manta a la cabeza y decidimos mudarnos para vivir en Boston dos años.

Yo tenía como reto crear Inusual, Inc. y llevar la empresa al siguiente nivel. Queríamos trabajar globalmente y ofrecer más servicios digitales y escalables. Hoy ofrecemos *coaching*, formación y asesoramiento a personas y empresas de todo el mundo que quieren ser más innovadoras. Lo hacemos *online*, con lo que el alcance es global.

Hemos creado un método de trabajo que nos funciona y también la forma de compartirlo en todo el mundo. Tenemos embajadores de nuestra marca en todas partes. Nos gusta llamar inusuales (innovadores) a nuestros clientes. Son intraemprendedores, emprendedores y extraemprendedores, todos ellos actuales o potenciales líderes de innovación.

Vivir en Boston durante dos años ha supuesto una nueva etapa en mi carrera en la que he aprendido muchísimo. En este libro he querido compartirlo contigo. Así que te animo a que tú también te atrevas a desarrollar tu lado inusual y que lo conectes con tu competencia profesional. Mi deseo es que te conviertas en un líder inspirador (inusual) y adquieras estos cinco hábitos. Estoy seguro de que, si los cultivas de verdad, te ayudarán a crecer como persona y a liderar la innovación inspirando a tu equipo cada día.

AGRADECIMIENTOS

Gratitud. Eso es lo que siento ahora cuando miro hacia atrás. Si tuviera que expresar todo mi agradecimiento en este libro, necesitaría más de mil páginas para plasmarlo. He tenido el privilegio de conocer a personas magníficas que me han inspirado a ser un mejor profesional y también mejor persona. ¡Mi familia, amigos, compañeros, clientes y colegas de profesión son para mí un tesoro!

Me gustaría dar las gracias especialmente a algunas personas que han sido una inspiración para este libro y, concretamente, a las personas que forman parte del equipo de Inusual o lo han hecho en el pasado. Me refiero a Dani (y Marian), Mathilde, Chiyana, Xavi, Mónica, Teresa, Jaume, Fernando, Boris, Saskia, Concha, Alondra, Andrea, Adrián, Lluís, Do, Silvia, Blanca, Ainara, Nuria, Adria, Álvaro, Federico, Vanessa, Olga, Lluís y Kristin.

Muchas gracias también a todos nuestros clientes, especialmente a: Hugo, María José, Laura, Xavier, Josep y Toni de Catalana Occidente; Miguel Ángel y Víctor de Roche; Joaquim, Pim, Adriana y Carla de Bobo Choses; Carlota, Ona y Esther de Bayer; Dídac y David de CaixaBank; Albert, David y Therese de GSMA; María José y Xavi de Sanofi; Marta de TalentPoint; Enrique y José Félix de AXA; Andrea, Christoff, Stefan y Eva de Seat; Roberto de Klöckner Pentaplast; Jordi, Carme y Juanjo del Ayuntamiento de Barcelona; Yolanda y Lucio de Inditex; Pepa de Auxiliar Conservera; Consuelo de Vidal; Jordi, Cristina y Lucía de Naturgy.

A nuestros *partners*: Bob y Min Basadur; Fréd y José de Nextinit, Raúl, por las ilustraciones, Dani en Mètode; Núria, Maribel e Inez como fotógrafas; Mercè por sus textos y análisis, Edu de Comunicontent; Edgar, Àngels, Esteve, Jorge y Oriol de Esade Creapolis; Sergio de Unexpendables; Josep, Mercè y Luz de Diga33; Miguel de Nicemondays; Marian y Lorea de Belbin; Liberto y Rocío de TLC Iberia; Mónica, Blanca, Joan y Cristina de EEC; Simon y Laura de MDS; David y Abraham de Cecot, Laura, Febe y Juan de Producción Editorial. También un recuerdo muy especial para los que fueron mis socios en la empresa que me hizo despertar: Elena, Juanjo, Juan Pablo, Joost, Joana y Mireia; y Ana y Manel de Incipy.

Por último, muchas gracias también a todas las personas con las que he podido coincidir en Boston y que nos han ayudado tanto a fundar Inusual, Inc. como a aprender un montón de cosas que no olvidaremos nunca: Joe de AccountTalent; Bill, Erin, Brian y Luis del MIT; Alberto, Toni, Luisa y María de Harvard; Tommy de Frase. A nuestros amigos Kevin, Liz, Bradley, Francesca, Karl, Leslie, Christine, Perry, Enoc, Karen, Dennis, Jenn, Paul, Tim, Ben, Alex, Ryan, Pam y Andrés: muchas gracias a todos vosotros por lo que habéis hecho, incluso a veces sin saberlo, por el proyecto Inusual.

Un millón de gracias a nuestra familia extendida en Virginia con la que hemos pasado tan buenos momentos: Brett, Grace, Emily, Andrew, Lydia, Dimo, Sarah, Doug, Jadeh, Adan, Paul y su familia, Elisabeth y el recordado Charles.

Gracias finalmente también a ti, que estás leyendo esto. Gracias por llegar hasta aquí. Nunca olvidaré esta maravillosa experiencia de escribir mi segundo libro. Espero que hayas disfrutado leyéndolo y te sirva para ser un líder inusual. Te animo a cultivar los cinco hábitos que sin duda te permitirán liderar la innovación e inspirar a tu equipo cada día.

FUENTES

Ser inusual

1. https://www.nike.com/es/help/a/mision-nikeinc
2. https://www.siamtek.com/why-blockbuster-failed/
3. https://www.bizjournals.com/twincities/news/2018/12/06/how-best-buy-cut-its-staff-turnover-more-than-30.html
4. https://www.ideatovalue.com/insp/nickskillicorn/2017/04/true-story-post-notes-almost-failed/
5. https://www.mckinsey.com/business-functions/strategy-and-corporate-finance/our-insights/leadership-and-innovation

Aspira

1. http://bit.ly/2UmK4bs
2. https://www.forbes.com/sites/zackfriedman/2019/05/22/millennials-disillusioned-future/#7544c20e353e
3. Si quieres estar al día de las últimas incorporaciones y conocer cada herramienta más a fondo, no dejes de visitar nuestra página, inusual.net, donde también conocerás a otros muchos líderes inusuales buscando y haciendo lo mismo que tú.
4. https://www.inc.com/marcel-schwantes/science-says-92-percent-of-people-dont-achieve-goals-heres-how-the-other-8-perce.html

Transpira

1. https://mylearningspringboard.com/7-survival-skills-for-21st-century-students/
2. https://biz30.timedoctor.com/employee-extinction-the-rise-of-contract-temp-workers-in-business/
3. https://marble-arch-online-courses.s3.amazonaws.com/CLC_Building_the_High_Performance_Workforce_A_Quantitative_Analysis_of_the_Effectiveness_of_Performance_Management_Strategies1.pdf
4. https://www.cnbc.com/2019/03/20/stanford-study-longer-hours-doesnt-make-you-more-productive-heres-how-to-get-more-done-by-doing-less.html; https://theconversation.com/long-hours-at-the-office-could-be-killing-you-the-case-for-a-shorter-working-week-116369
5. http://ftp.iza.org/dp8129.pdf
6. https://es.wikipedia.org/wiki/Seis_sombreros_para_pensar
7. https://www.mindtools.com/pages/article/newCT_02.htm
8. http://bit.ly/2Ik9yED
9. http://bit.ly/2GfUioO
10. http://bit.ly/2V1YCBE
11. https://agilemanifesto.org/iso/es/manifesto.html
12. http://bit.ly/2KCr74M
13. http://bit.ly/2V13TJF
14. http://bit.ly/2ZfZXnM
15. https://books.google.es/books?id=PV5fBwAAQBAJ&lpg=PP1&dq=la%20disciplina%20de%20emprender&hl=es&pg=PP1#v=onepage&q=la%20disciplina%20de%20emprender&f=false
16. https://www.strategyzer.com/canvas/value-proposition-canvas
17. http://bit.ly/2BVe9Iz
18. https://web.stanford.edu/class/archive/engr/engr140a/engr140a/cgi-bin/MFP/wp-content/uploads/2015/03/Session-4-Customer-Development.pdf

Conspira

1. https://www.edelman.com/research/trust-and-new-employee-employer-contract
2. https://www.pwc.com/gx/en/ceo-survey/pdf/pwc_11th_annual_global_ceo_survey_e.pdf

3. https://www.belbin.es/roles-de-equipo/
4. https://www.forbes.com/sites/brentgleeson/2017/07/
   25/1-reason-why-most-change-management-efforts-fail/
   #39536e03546b

Inspira

1. https://www.agent-entrepreneur.com/343533/5-keys-to-
   inspiring-leadership-no-matter-your-style
2. https://www.researchgate.net/publication/319130798_
   THE_IMPORTANCE_OF_TRUST_IN_MANAGER-EMPLOYEE_
   RELATIONSHIPS
3. https://www.ted.com
4. https://www.gallup.com/workplace/236213/why-need-
   best-friends-work.aspx

Respira

1. https://www.researchgate.net/publication/293009713_
   Mindfulness_in_Organizations_A_Cross-Level_Review
2. https://news.osu.edu/multitasking-may-hurt-your-
   performance-but-it-makes-you-feel-better---ohio-state-
   research-and-innovation-communications/
3. https://news.harvard.edu/gazette/story/2010/11/wandering-
   mind-not-a-happy-mind/
4. https://www.ncbi.nlm.nih.gov/pmc/articles/PMC3374921/
5. https://www.statista.com/statistics/1057961/the-
   most-stressed-out-populations-worldwide/
6. https://www.ncbi.nlm.nih.gov/pmc/articles/PMC2686627/
7. https://www.frontiersin.org/articles/10.3389/fnhum.
   2013.00824/full
8. https://www.gallup.com/press/176624/wellbeing-five-
   essential-elements.aspx
9. https://www.labmanager.com/leadership-and-staffing/
   10-issues-that-concern-your-employees-20857
10. https://news.yale.edu/2017/12/14/programming-laughs-
    ai-tries-its-hand-humor-yseas
11. https://www.psychologytoday.com/us/blog/some-assembly-
    required/201410/moving-toward-emotional-balance

BIBLIOGRAFÍA

Adair, J. (1988). *Effective leadership*. Londres: Pan Books.

Alimo-Metcalfe, B. y Alban-Metcalfe, J. (2005). Leadership: Time for a New Direction? *Leadership*, 1 (1), 51-71.

Argyris, C. (1992). *Cómo vencer las barreras organizativas*. Madrid: Díaz de Santos.

Aulet, B. (2015). *La disciplina de emprender: 24 pasos para lanzar una startup exitosa.* Madrid: Lid Editorial.

Avery, G. C. (2005). *Understanding Leadership*. Londres: Sage Publications.

Bass, B. M. (1985). *Leadership and performance beyond expectations*. Nueva York: Free Press.

Bennis, W. (1994). *On becoming a leader* (ed. rev.). Reading, MA: Perseus Books.

Bryman, A. (1996). Leadership in organizations. En S. R. Clegg, C. Hardy y W. R. Nord (Eds.), *Handbook of Organization Studies* (pp. 276-292). Londres: Sage.

Clark, T., Osterwalder, A. y Pigneur, Y. (2012). *Tu modelo de negocio*. Barcelona: Deusto.

Conger, J. A. (1989). *The charismatic leader: Behind the mystique of exceptional leadership*. San Francisco, CA: Jossey-Bass.

Covey, S. (2002). *Los 7 hábitos de la gente altamente efectiva*. Barcelona: Paidós.

Encyclopedia of Management (2009). Leadership Theories and Studies. En *Encyclopedia of Management*. http://www.enotes.com/management-encyclopedia/leadership-theories-studies.

Fisk, P. (2002). The making of a digital leader. *Business Strategy Review*, 13 (1), 43-50.

French, J. R. P. Jr. y Raven, B. (1962). The bases of social power. En D. Cartwright (Ed.), *Group Dynamics: Research and Theory* (pp. 259-269). Nueva York: Harper and Row.

Goleman, D., Boyatzis, R., y McKee, A. (2002). The emotional reality of teams. *Journal of Organizational Excellence*, 21(2), 55-65.

Gostick, A. y Elston, C. (2012). *All in*. Nueva York: Free Press.

Hannum, K., McFeeters, M. B. y Booysen, L. (Eds.). (2010). *Leading Across Differences: Cases and Perspectives*. San Francisco, CA: Pfeiffer.

Heath, C. y Heath, D. (2011). *Cambia el chip*. Barcelona: Gestión 2000.

Hersey, P. y Blanchard, P. (1969). The life cycle theory of leadership. *Training and Development Journal*, 23 (5), 26-34.

House, R. J. (1971). A path-goal theory of leader effectiveness. *Administrative Science Quarterly*, 16, 321-339.

Katz, R. L. (1955). Skills of an effective administrator. *Harvard Business Review*, 33 (1), 33-42.

Kirkpatrick, S. y Locke, E. (1991). Leadership: Do traits matter? *Academy of Management Executive*, 5 (2), 48-60.

Kotter, J. P. (1990). *Force for change: How leadership differs from management*. Nueva York: The Free Press.

Kotter, J. (2007). *Nuestro iceberg se derrite*. Barcelona: Granica.

Likert, R. (1967). *New patterns of management*. Nueva York: McGraw-Hill.

McCaffery, P. (2004). *The higher education manager's handbook: Effective leadership and management in universities and colleges*. Londres: Routledge Farmer.

Mintzberg, H. (1973). *The nature of managerial work*. Nueva York: Harper and Row.

Mumford, M. D., Zaccaro, S. J., Connelly, M. S. y Marks, M. A. (2000). Leadership skills: conclusions and future directions. *Leadership Quarterly*, 11 (1), 155-70.

Northouse, P. G. (2007). *Leadership: theory and practice* (4ª ed.). Thousand Oaks, CA: Sage Publications.

Paul, R. (1995). *Critical Thinking: How to Prepare Students for a Rapidly Changing World*. Santa Rosa, CA: Foundation for Critical Thinking.

Rath, T. (2014). *Conozca sus fortalezas 2.0*. Washington D. C.: Gallup Press.

Ries, E. (2012). *El método Lean Startup*. Barcelona: Deusto.

Rosales, P. (2010). *Estrategia digital: Cómo usar las nuevas tecnologías mejor que la competencia*. Barcelona: Deusto.

Sashkin, M. (1988). The visionary leader. En J. A. Conger y R. N. Kanungo (Eds.), *Charismatic leadership: The elusive factor in organizational effectiveness* (pp. 122-160). San Francisco: Jossey Bass.

Scott, K. (2017). *Radical Candor*. Nueva York: Macmillan.

Sills, D. L. (Ed.). (1991). *International encyclopedia of the social sciences*. Nueva York: Free Press.

Tolle, E. (2007). *El poder del ahora*. Móstoles: Gaia.

Zaccaro, S. J., Kemp, C., y Bader, P. (2004). Leader traits and attributes. En J. Antonakis, A. T. Cianciolo y R. J. Sternberg (Eds.), *The nature of leadership* (pp. 101-124). Thousand Oaks, CA: Sage.

ÍNDICE TEMÁTICO